AF494697

TRAITÉ
DE LA FUGUE
ET
DU CONTREPOINT;

Par MARPOURG.

CET OUVRAGE EST DIVISÉ EN DEUX PARTIES,

ET SUIVI DE 134 PLANCHES D'EXEMPLES.

Prix, 36 f.r

PARIS,

IMBAULT, rue Honoré, entre la rue des Poulies et la maison d'Aligre, N.º 200;
Et Péristile du théâtre de l'Opéra comique, rue Favart, N.º 461.

DE L'IMPRIMERIE DE CHARLES POUGENS.

AN IX. — 1801.

TRAITÉ

DE LA FUGUE

ET

DU CONTREPOINT.

PREMIÈRE PARTIE.

PRÉFACE

DE L'AUTEUR.

JE n'ai d'autre but, en publiant cet ouvrage, que de rendre un peu plus communes les règles d'un Art par lequel se ressemble encore la musique de tant de différentes nations, assez partagées d'ailleurs sur l'article du chant, l'une le voulant français, l'autre italien.

De tous les genres de composition, la Fugue est la seule qui se soit toujours soutenue contre les caprices de la mode. Les siècles ne l'ont point fait changer de forme; et les Fugues composées il y a cent ans, sont encore aussi neuves que si elles l'avoient été de nos jours.

Ce n'est pas qu'il ne se trouve assez de livres de composition où l'on enseigne la manière de les faire. Mais, ou ces livres deviennent de jour en jour plus rares, ou ne traitent pas cette matière à fond; ils ne donnent ni assez de règles ni assez d'exemples, et renvoient sans cesse l'écolier à la seule expérience. Il y en a plusieurs, où l'on dit bien qu'il y a deux sortes de contrepoints, l'un simple, l'autre double; mais c'est aussi tout. Bien loin de toucher l'article du Canon, on n'enseigne pas même la manière de faire le double Contrepoint; et cependant, comment est-il possible de composer une bonne Fugue sans la connoissance du double Contrepoint ou du Canon?

J'ai fait de mon mieux pour ne rien omettre de tout ce qui concerne le mécanisme de la Fugue, sans multiplier mal à propos les règles ou les observations. Toutes les règles sont accompagnées d'un grand nombre d'exemples; j'ai eu soin de distinguer, par le nom de leur auteur, ceux qui ne sont pas de moi; c'est aux artistes à en juger. Après tout, je pense qu'il n'y aura rien à redire aux modèles sur lesquels j'ai composé mes règles. J'ai étudié les Fugues de *Frescobaldi*, de *Bach* et de *Händel*; j'ai entendu les *Calvières* et les *Daquins*; j'ai lu *Rameau*, *Mattheson* et *Scheibe*.

Une chose qui m'embarrasse, c'est que j'écris dans une langue qui m'est étrangère. Il est donc très-naturel que j'aie pu faire bien des fautes contre cette langue. Mais seroit-ce la première fois que les Français passeroient à un étranger des phrases qu'ils ne pardonneroient peut-être pas à un écrivain de leur nation? Je me flatte donc qu'ils me feront grace du style en faveur de l'ouvrage, et qu'ils le recevront avec autant de bonté, qu'ils m'en témoignèrent autrefois lorque j'eus l'honneur de me trouver chez eux : je ne souhaite que d'être entendu; si j'ai atteint ce but, je suis satisfait.

On trouvera une histoire abrégée du Contrepoint et de la Fugue à la tête de la seconde partie de cet Ouvrage.

TABLE DES CHAPITRES

DE LA PREMIÈRE PARTIE.

TABLE DES CHAPITRES

DE LA SECONDE PARTIE.

TRAITÉ DE LA FUGUE

ET

DU CONTREPOINT.

PREMIÈRE PARTIE.

CHAPITRE PREMIER.

Des différentes espèces d'imitation et de fugue.

§. Ier

Répéter en Musique, c'est faire entendre deux ou plusieurs fois de suite un certain chant dans la même partie et sur les mêmes cordes. *Voyez* table I, fig. 1.

Changer de cordes en répétant un chant dans une même partie, c'est faire une *transposition*, fig. 2 ; et

Changer de partie, en répétant ou en transposant ce chant, c'est *imiter*. On est assez dans la coutume de confondre ces trois termes, et souvent mal à propos.

Toutes les parties possibles dans la Musique se réduisent à *quatre parties principales*, qui sont la *Basse*, la *Taille*, la *Haute-Contre* et le *Dessus*, que l'on distingue les unes des autres par la différence ou par la différente situation des Clefs. Si l'on excède dans la composition le nombre des quatre parties principales, on double ou triple l'une ou l'autre, suivant le dessein qu'on se propose.

§. I I.

Une Octave n'étant composée que de huit intervalles, toute imitation, de quelque nature qu'elle soit, ne se peut faire que de huit manières; savoir, ou

1) à l'*Unisson*, tab. I, fig. 3; ou

2) à la *Seconde*, fig. 4 et 5. La Seconde, de même que tous les autres intervalles suivans, peut être prise au-dessus et au-dessous de la première voix. Il faut donc bien distinguer entre une imitation de

Traité de la Fugue. Ire Part.   1

Seconde, ou de Tierce, etc. supérieure, et une imitation de Seconde ou de Tierce, etc. inférieure ; ou

3) à la *Tierce* supérieure et inférieure, fig. 6 et 7 ; ou

4) à la *Quarte* supérieure et inférieure, fig. 8 et 9 ; ou

5) à la *Quinte* supérieure et inférieure, fig. 10 et 11 ; ou

6) à la *Sixte* supérieure et inférieure, fig. 12 et 13 ; ou

7) à la *Septième* supérieure et inférieure, fig. 14 et 15 ; ou

8) à l'*Octave* supérieure et inférieure, tab. 1, fig. 16, et tab. II, fig. 1.

Une imitation de Neuvième, Dixième, etc., est donc la même qu'une imitation de Seconde, Tierce, etc.

§. I I I.

Le mouvement des notes qui composent le chant d'imitation, peut être *semblable* ou *contraire*.

Pour déterminer le progrès des intervalles dans deux différentes parties qui marchent ensemble, on se sert aussi du terme de *mouvement*, et on en distingue de quatre sortes,

1) Le *mouvement semblable ;* quand les parties montent ou descendent toutes deux à-la-fois, soit par degrés conjoints ou disjoints.

2) Le *mouvement contraire ;* quand une partie monte et que l'autre descend en même temps.

3) Le *mouvement oblique ;* quand une partie reste sur le même degré , et que l'autre en parcourt d'autres, soit en montant, soit en descendant.

4) Le *mouvement parallèle ;* quand toutes les deux parties demeurent à-la-fois pendant quelque temps de mesure, ou davantage , sur un même degré : mouvement assez usité dans les ariettes italiennes.

Mais il n'est ici question d'aucun de ces mouvemens. Celui dont il s'agit, concerne la marche des intervalles dans deux parties différentes qui s'entre-suivent ; et c'est dans cette rencontre , qu'on nomme *imitation par mouvement semblable*, celle où, dans la partie suivante, les intervalles montent et descendent de la même manière que dans la précédente ; et *imitation par mouvement contraire* , celle où, dans la seconde partie , on fait descendre les intervalles qui ont été entendus dans la première en montant ; et réciproquement, en faisant monter les intervalles qui ont été entendus en descendant.

Cette imitation par mouvement contraire est *libre* ou *contrainte*.

a) *libre* , quand la partie suivante ne reprend pas le chant de la première dans le même ordre des tons et des demi-tons. Tab. II, fig. 2 et 3.

b) *contrainte*, quand elle imite ton pour ton et demi-ton pour demi-ton, fig. 4 et 5.

Afin de ne se pas tromper dans le choix de l'intervalle par lequel il faut que la seconde partie réponde à la première, suivant les règles de cette dernière imitation ; voici le moyen que je propose :

1) Pour les tons majeurs.

Placez l'Octave de la tonique en montant vis-à-vis de l'Octave de la médiante en descendant ; par exemple, en *ut majeur*, de la façon suivante :

ut,   re,   mi,   fa,   sol,   la,   si,   ut.
mi,   re,   ut,   si,   la,   sol,   fa,   mi.

S'il arrivoit qu'une partie commençât par un *sol*, ou par un *fa*, il faudroit que l'autre y répondît par un *la* ou par un *si*, et ainsi du reste.

2) Pour les tons mineurs.

Placez l'Octave de la tonique en montant vis-à-vis de l'Octave de la Septième en descendant ; par exemple, en *la mineur*, comme il suit :

la,   si,   ut,   re,   mi,   fa,   sol,   la.
sol,   fa,   mi,   re,   ut,   si,   la,   sol.

Si la première partie commençoit par un *mi*, ou par un *sol*, il faudroit que la Seconde y répondît par un *ut* ou par un *la*, et ainsi du reste.

§. I V.

Quand une partie suit l'autre en rétrogradant, c'est une *imitation rétrograde*, tab. II, fig. 6. Cette imitation est souvent accompagnée du mouvement contraire, fig. 7.

Voilà donc quatre sortes de mouvemens dont l'imitation est susceptible ; le mouvement semblable, contraire, rétrograde, et rétrograde par mouvement contraire.

§. V.

Les parties ne se répondent pas toujours par des notes de la même figure. On en diminue souvent ou l'on en augmente la valeur dans la réplique de la voix commençante ; ce qui produit deux nouvelles espèces d'imitation, celle d'*augmentation*, tab. II, fig. 8, et celle de *diminution*, fig. 9.

Lorsque l'imitation est à 3 ou 4 parties, et qu'à chaque reprise du chant on augmente ou diminue de nouveau et à proportion la valeur des notes, cela s'appelle *imitation par augmentation*, ou *diminution double*, *triple*, *etc.* Voy. par exemple, les fig. 1 et 2, tab. III.

§. V I.

En suspendant le progrès des notes par le moyen des pauses, on gagne une sorte d'imitation qu'on appelle *interrompue*, fig. 3, tab. III.

§. V I I.

Lorsque les parties s'entre-suivent par des temps opposés, c'est-à-dire, quand l'une commence par un bon temps de mesure, et que l'autre y répond par un temps contraire, et ainsi réciproquement, c'est une *imitation à contre-temps*, tab. III, fig. 4, 5, 6 et 7.

§. V I I I.

Quand l'imitation se fait de manière que les parties se puissent renverser, c'est-à-dire, que la partie supérieure puisse être mise à la place de la partie inférieure, et réciproquement, on l'appelle *imitation convertible*, tab. III, fig. 8.

§. I X.

Toutes ces différentes espèces d'imitation, que je viens d'expliquer, sont ou *périodiques* ou *canoniques*.

Périodiques, quand la partie suivante n'imite la précédente qu'en partie, c'est-à-dire, pendant quelques mesures, comme dans les exemples rapportés ci-dessus. On appelle *sujet* ou *thème*, cette portion de chant sur laquelle roule l'imitation périodique.

Canoniques, quand une partie imite le chant de l'autre, note à note, depuis le commencement jusqu'à la fin, tab. III, fig. 9. Un air composé selon les règles de l'imitation canonique est appelé *canon*.

§. X.

Il y a deux manières d'employer l'imitation périodique; ou

1) *Arbitrairement*, en telle pièce et en tel endroit de la pièce qu'on voudra, c'est une affaire de caprice; ou

2) *Méthodiquement*, en soumettant le caprice à de certaines règles établies sur le bon goût et sur la raison, pour la conduite et la reprise alternative du sujet.

Les exemples d'imitation précédens n'ayant été qu'à deux parties, en voici quelques-uns à trois et à quatre.

A trois parties.

Tab. IV. Fig. 1. C'est une imitation de Quarte entre les deux parties supérieures, que la Basse accompagne par Tierces.

Fig. 2. Imitation à l'Unisson et à l'Octave.

Fig. 3. Imitation canonique. Il ne faut pas manquer de faire attention au nouveau sujet qui se présente à la septième mesure de la partie du milieu, et que le Dessus imite à la distance d'une Quinte inférieure.

Tab. V.

A quatre parties.

OBSERVATION.

On aura sans doute remarqué dans plusieurs des exemples précédens, que le sujet sur lequel roule l'imitation, est souvent pris par deux parties à-la-fois, et que ces deux parties vont alors par Tierces, Dixièmes ou Sixtes. C'est une manière très-propre à répandre du jour sur le sujet de l'imitation dans une composition à plusieurs parties , et dont il résulte toujours un effet très-agréable.

§. X I.

Une pièce de musique établie sur les règles de l'imitation périodi-méthodique, s'appelle *Fugue.*

§. X I I.

Pour faire une fugue , en autant de parties que ce soit , il faut considérer cinq choses :

1) Le *sujet* ou *thème ;*

2) La *réponse ;* c'est la reprise du sujet par la partie suivante.

3) La *répercussion ;* c'est l'ordre dans lequel le sujet et sa réponse se font entendre alternativement dans les différentes parties.

4) Le *Contrepoint* , dont on accompagne la première partie , quand la seconde entre pour prendre la fugue.

5) Le *Contrepoint,* dont on remplit l'espace d'une répercussion à l'autre.

Voilà les cinq points caractéristiques d'une fugue , lesquels, observés à la rigueur , suivant les règles établies pour chacun de ces points , forment la *fugue régulière,* et qui , négligés en partie, rendent la *fugue irrégulière.*

§. X I I I.

La fugue régulière est ou *obligée* ou *libre.*

Obligée , quand on ne traite que du sujet durant toute la fugue, en ne le quittant que pour le mieux reprendre , soit en entier , soit en partie , au moyen de l'imitation étroite , et en n'y admettant aucune harmonie qui n'en dérive , soit par augmentation ou diminution , soit par opposition de temps ou de mouvement. C'est une fugue de la sorte que les Italiens appellent un *Ricercare* ou *Ricercata,* c'est-à-dire, un chef-d'œuvre de fugue , sur-tout lorsque le sujet , soit à la fin , soit au milieu de la fugue , y est encore tourné en canon.

Libre, quand on ne traite pas du sujet seul, et qu'on le quitte de temps en temps pour passer à une autre idée , qui , quoiqu'elle ne soit pas tirée du sujet, doit néanmoins y avoir un parfait rapport.

§. X I V.

La fugue n'a qu'un seul sujet, ou en a plusieurs. Une fugue qui n'a qu'un sujet , est appelée *simple fugue,* et celle qui en a davantage, s'appelle *double fugue.*

O B S E R V A T I O N S.

1) Le chant par lequel la double fugue commence, est toujours *le premier sujet,* nommé simplement *sujet ;* et tous les autres qui le suivent , sont autant de *contre-sujets* ou *contre-thèmes.*

2) S'il est nécessaire, après les premières entrées ou répercussions ordinaires de la simple fugue fixées sur le nombre des parties, que le sujet et sa réponse se rapprochent pour produire de la diversité, la double fugue demande que les différens sujets dont elle est composée, se présentent tour-à-tour, moyennant le renversement des parties, tantôt en bas, tantôt en haut, ou dans les parties du milieu. L'une et l'autre de ces choses exigent une connoissance parfaite du double contrepoint, au moyen duquel on apprend à renverser les sujets, et qui, s'il n'enseigne pas la manière de les rapprocher, nous met du moins en état de présenter sous différentes faces le sujet et sa réponse, après avoir trouvé le moyen de les rapprocher l'un de l'autre.

§. X V.

A l'égard des différentes espèces d'imitation, on peut ranger celles de la fugue sous *cinq classes* différentes, dont

La première contient les fugues à l'Unisson, à la Seconde, Tierce, Quarte, Quinte, Sixte, Septième et à l'Octave.

La plus usitée, et en même temps la plus parfaite de ces fugues, c'est sans doute *celle à la Quinte*, qui, par renversement, peut être une *Quarte;* parce que l'imitation s'y fait sur les principales cordes du ton, c'est-à-dire, dans les Octaves, de la tonique et de la dominante. Pour ce qui est des *fugues à la Seconde, Tierce, Sixte et Septième*, on ne s'en sert que dans le cours de la précédente, pour rapprocher les sujets. Je traiterai à l'article de la répercussion, de la manière d'employer celle à l'Octave et à l'Unisson.

La seconde contient les fugues, 1) par mouvement semblable, 2) contraire, 3) rétrograde et 4) rétrograde par mouvement contraire. Ces deux dernières ne s'emploient que dans le cours des deux premières.

La troisième contient les fugues par augmentation et diminution. Elles ne servent qu'au milieu d'une fugue ordinaire.

La quatrième contient les fugues à contre-temps. On en use comme de celles de la classe précédente.

La cinquième contient les fugues par imitation interrompue. Comme à l'article précédent.

Les anciens se servoient du terme de *fuga composita* ou *recta*, quand les notes du sujet alloient par degrés conjoints; de *fuga incomposita*, quand elles alloient par degrés disjoints; de *fuga authentica*, quand elles alloient en montant, et de *fuga plagalis*, quand elles alloient en descendant. On peut se passer aujourd'hui de ces termes.

CHAPITRE II.

De la qualité du sujet ou du thème.

§. Iᵉʳ.

Tout sujet n'est point propre pour la fugue, et tel thème convient à une fugue pour les violons ou les flûtes, qui ne conviendroit point à la voix, au clavecin ou à l'orgue. S'il est donc nécessaire, en inventant un sujet, de faire particulièrement attention à l'instrument et au nombre des parties pour lesquelles on compose, il faut en général, pour quelque instrument ou pour quelques parties que l'on compose, avoir égard

    1) *à la longueur,* et

    2) *à la mélodie du sujet.*

§. II.

Il est vrai que la longueur du sujet est arbitraire. Cependant, pour ne s'y pas méprendre, il faut faire attention au mouvement. Plus le mouvement est lent, moins le sujet doit être long ; et réciproquement, plus le mouvement est vif, plus le sujet peut être long. Une file de tons, ennuyante d'elle-même quand il n'y a point d'accompagnement, ennuie beaucoup plus quand la mesure est traînante. Plus les thèmes sont courts, plus ils peuvent être répétés ; mais plus on les répète, plus la fugue en est belle. Un sujet court, en est plus clair et se retient facilement. Si l'auditeur a la commodité de le saisir sans peine dans toute son étendue, l'organiste, en le travaillant sur-le-champ sans préméditation, ne court point risque d'en perdre l'idée, et de se voir nécessité par là à battre la campagne avant de le retrouver. Mais, dans quelque cas que ce soit ; qu'on travaille sur-le-champ ou de préméditation, un sujet court se maniera toujours et à tous égards plus aisément qu'un sujet long ; en un mot, comme de la longueur d'une Fugue on ne peut conclure en faveur de sa beauté, de même la bonté d'un sujet ne dépend pas de sa durée. Cependant on ne sauroit fixer au juste le nombre des mesures qu'un thème doit avoir ; la diversité, cette ame de la musique, y perdroit. Il est à croire que le sujet est toujours assez long, s'il renferme un sens complet : mais il n'est pas toujours besoin pour cela d'une demi-douzaine de mesures ; une seule peut y suffire, selon les circonstances.

§. III.

§. III.

A l'égard de la mélodie, plus elle sera simple, plus il sera facile d'y joindre une bonne harmonie. Ces sortes de tours et d'expressions qui règnent dans les Sonates, en doivent être absolument bannies ; du moins ne peuvent-elles trouver place dans une fugue d'orgue, qui doit être grave, ou dans une fugue que l'on compose sur des paroles. Le clavecin souffre plus de légèreté à cet égard que l'orgue ; le violon et la flûte encore plus. Avec tout cela, il faut de nécessité, pour que la fugue soit bonne, que ces fleurs dont on veut parsemer le chant, se ressentent du véritable style de la fugue, et non pas du style d'une Sonate. Ce haut et bas, ces batteries, ces tremblemens de trois ou quatre mesures, tout cela ne vaut rien dans la fugue. Tout commençant qui voudra parvenir à saisir le vrai de ce style, fera bien d'examiner les partitions des bons maîtres, et d'en emprunter un sujet, avant que d'en inventer un de lui-même. Ce moyen est facile ; et même en confrontant son travail avec celui du maître, il aura l'avantage de voir, suivant la route qu'il aura prise, de combien il s'en est éloigné ou de combien il en approche. Un autre moyen, c'est en imaginant un thème, de s'imaginer en même temps toutes les autres parties ; et l'on ne manquera pas de s'apercevoir dans l'instant, si le thème inventé sera facile à traiter ou non. Il ne coûte pas beaucoup d'ajouter une seconde partie à une première ; mais il en coûte d'y en ajouter une troisième ou quatrième. Toute mélodie n'admet pas une harmonie aisée et naturelle, sur-tout à quatre ou cinq parties. Comme donc nulle partie ne domine seule dans la fugue, notre attention ne doit pas non plus se prêter uniquement à une partie ; il faut envisager le tout, et non le chant de telle ou telle partie seule.

§. IV.

A l'égard de l'étendue de la mélodie, si la fugue est pour la voix, le sujet doit être renfermé dans l'espace d'une Sixte, afin que la portée de la voix y suffise dans les transpositions. A cet égard les instrumens ont beaucoup plus de liberté, y ayant des fugues qui passent la Dixième. Cependant un commençant fera bien de ne s'étendre que jusqu'à l'Octave. On ne laisse pas de composer de très-bonnes fugues sur des thèmes, qui n'excèdent pas même l'intervalle d'une Tierce ou d'une Quarte.

§. V.

Il importe peu que ce soit par un bon ou mauvais temps de mesure que le sujet commence ; mais il importe qu'il se termine toujours par un bon temps, à moins qu'en composant pour la voix, l'on ne soit empêché par une rime féminine. Mais cette rime ne doit pas embarrasser, pouvant être tournée de façon que la denière syllabe paroisse non pas en levant, mais en frappant.

§. V I.

Le repos ne convenant à la fugue qu'à la fin de la pièce, il faut, quand un thème finit par une cadence parfaite, que la seconde partie entre sur le temps de cette conclusion, pour entretenir toujours le mouvement.

C H A P I T R E   I I I.

De la manière de répondre au sujet.

§. I.ᵉʳ

Les notes qui composent le sujet et sa réponse, appartenant aux Octaves de la tonique et de la dominante, on a coutume, quand on veut savoir par quelles notes la seconde voix doit répondre à la première, de se servir du moyen suivant. On place les Octaves de ces deux cordes l'une vis-à-vis de l'autre ; par exemple, en *ut majeur*, comme il suit :

ut | *re* | *mi* | *fa-sol* | *la* | *si* | *ut* | Octave de la tonique.
sol | *la* | *si* | *ut* | *re* | *mi* | *fa-sol* | Octave de la dominante.

D'où il s'ensuit, que la note de *sol* doit répondre à celle d'*ut ;* le *re* au *la ,* et ainsi des autres. Si cette table se pouvoit appliquer à tous les cas possibles, on pourroit la présenter en chiffres de la manière suivante :

1 | 2 | 3 | 4-5 | 6 | 7 | 8
5 | 6 | 7 | 8 | 2 | 3 | 4-5

Et de cette table, qui se rapporteroit alors aux deux modes à-la-fois, sortiroient ces *trois règles générales :*

1) *Que la Seconde et la Sixte se répondent l'une à l'autre.*
2) *Que la Tierce et la Septième se répondent l'une à l'autre.*
3) *Que la Quarte et la Quinte répondent à la tonique , et réciproquement,* que la tonique répond *à la Quarte et à la Quinte.*

Mais il arrive assez souvent, qu'au lieu de la Seconde, on emploie la Tierce pour répondre à la Sixte, et qu'on répond par la Seconde à la Quinte, et ainsi de suite. Il faudra donc s'y prendre d'une autre manière pour être sûr de son fait ; et comme la réponse peut souvent se faire de plus d'une manière, il faut savoir au juste laquelle de ces deux réponses est la meilleure.

§. I I.

La réponse étant une imitation du sujet, il faut qu'elle lui soit en tout semblable. Car ce n'est pas assez que le chant se ressemble à l'égard de la figure des notes, à l'égard du mode ou de la mesure ; il faut encore et principalement, que les mêmes intervalles qui ont été au sujet, se trouvent dans la réponse, c'est-à-dire, que dans le même endroit où le sujet procède de Tierce, de Quarte ou de Quinte, etc., le chant de la réponse procède des mêmes intervalles.

§. I I I.

Mais comme on ne trouve que quatre notes de la tonique à la dominante en descendant, et qu'il y en a une de plus en descendant de celle-ci à l'autre, comme l'on peut voir par la démonstration suivante :

OCTAVE EN DESCENDANT.

Première partie.   *Seconde partie.*

ut, si, la, sol.   sol, fa, mi, re, ut.

OCTAVE EN MONTANT.

Première partie.   *Seconde partie.*

ut, re, mi, fa, sol.   sol, la, si, ut.

C'est autant pour ne pas transgresser les règles de la bonne modulation, que pour égaliser le nombre des intervalles dans les deux parties, qu'il faut, en certaines rencontres, altérer tant soit peu le chant de la réponse.

§. I V.

Il est bon de remarquer ici, que par quelque note que le sujet commence, ou il reste dans le ton de la finale, ou il en sort pour passer dans celui de la dominante.

PREMIÈRE OBSERVATION.

Dans le premier cas, si le sujet reste dans le ton de la finale, il ne faut que le transposer, note pour note, dans le ton de la dominante, pourvu que l'on ait commencé par la note qu'il faut.

DEUXIÈME OBSERVATION.

Dans le second cas, si le sujet finit en passant dans le ton de la dominante, il faut absolument, pour ne pas introduire dans la fugue une modulation étrangère au ton de la fugue, qu'on y change un intervalle, et que, par ce moyen, on le ramène dans le ton de la finale ; et pour ne pas se tromper à l'égard de l'intervalle qui doit être changé pour un autre, voici une règle qui est, *qu'il faut plutôt faire attention à ce qui suit qu'à ce qui précède.* Pour la permutation de l'intervalle, on la pratique de deux façons ;

> 1) En *transgressant un degré.* Cela se fait dans la partie majeure de l'Octave.
>
> 2) En *répétant une note en même degré.* Cela se fait dans la partie mineure de l'Octave.

C'est par le moyen de cette permutation, qui se pratique aussi quelquefois dans le premier cas, que l'Unisson se change en Seconde, la Seconde en Tierce, la Tierce en Quarte, la Quarte en Quinte, la Quinte en Sixte, la Sixte en Septième, la Septième en Octave, et ainsi réciproquement.

§. V.

Ajoutons à ces observations générales les règles spéciales touchant la première et dernière note de la réponse.

PREMIÈRE RÈGLE.

Il faut que la tonique réponde à la dominante, et celle-ci à l'autre sur la première et dernière note du thème.

C'est-à-dire, quand le sujet commence ou finit par la tonique, la réponse doit commencer ou finir par la dominante ; et quand le sujet commence ou finit par la dominante, la réponse doit commencer ou finir par la tonique. Ce qui est dit ici de la première et dernière note du sujet, se doit aussi entendre *du milieu du sujet,* quand on saute de la tonique à la dominante, ou de la dominante à la tonique, pourvu que l'on ne soit empêché par d'autres raisons de suivre la règle à la rigueur. Voilà, au reste, les deux tons par lesquels on commence ou finit, pour l'ordinaire, le chant d'une fugue.

DEUXIÈME RÈGLE.

Quand la fugue commence ou finit par la médiante, la réponse doit commencer ou finir par la Tierce ou Seconde de la dominante.

TROISIÈME RÈGLE.

Quand la fugue commence ou finit par la Quarte du ton, la réponse doit commencer ou finir par la tonique.

QUATRIÈME RÈGLE.

Quand la fugue commence ou finit par la Sixte du ton, la réponse doit commencer ou finir par la Sixte ou par la Quinte de la dominante.

CINQUIÈME RÈGLE.

Quand la fugue commence ou finit par la Seconde du ton, la réponse doit commencer ou finir par la Seconde de la dominante, ou par la dominante même.

SIXIÈME RÈGLE.

Quand la fugue commence ou finit par la note sensible du ton, la réponse doit commencer ou finir par la Sixte ou par la note sensible de la dominante, suivant les circonstances.

§. ·V I.

Afin de mieux comprendre les règles précédentes, et les *exceptions* qu'elles peuvent souffrir quelquefois, voici des exemples :

I.

Exemples de fugues qui commencent par la finale, et restent dans le ton.

Table X. Fig. 1. Sujet transposé note pour note, suivant la première et la deuxième règle du'§. V, à l'égard du commencement et de la fin, et suivant la première observation du §. IV, à l'égard de la modulation.

Fig. 2. Comme l'exemple précédent.

Fig. 3. Comme le précédent, excepté que la fugue finit par la tonique, et la réponse par la dominante.

Fig. 4 et 5. Comme ci-devant.

Tab. XI. Fig. 1. La Quinte qui se trouve entre la troisième et la quatrième note du sujet, se change dans la réponse en Quarte, suivant la remarque qui accompagne la première règle du §. V. Ce changement d'intervalle en produit un autre dans la deuxième mesure, où la Tierce (*ut — la*) devient Seconde (*fa — mi*) suivant ce que j'ai dit au §. III et IV de la permutation des intervalles, causée par la moitié inégale de l'Octave.

Fig. 2. Comme l'exemple précédent, avec cette différence, que la Seconde se change en Tierce.

Fig. 3. Il faut remarquer ici la répétition d'une note en même degré.

Fig. 4. Exemple transposé note pour note.

Fig. 5. Autre de la même sorte.

Tab. XII. Fig. 1 et 2. Ce saut de la tonique à la dominante étoit défendu parmi les Anciens, comme n'annonçant pas assez le ton de la Fugue.

Fig. 3. Outre le changement de Quinte en Quarte et de Seconde en Tierce, l'on observe ici la permutation d'une croche en noire ; permutation toujours permise à l'égard de la première note, quand l'harmonie y gagne.

Traité de la Fugue. Ire Part.   4

Fig. 4. Transposition parfaite du sujet.

Fig. 5. Comme à la fig. 3, touchant l'altération des intervalles.

Fig. 6. Ce sont les trois premières notes qui souffrent un peu d'altération en conséquence des règles et observations précédentes.

Fig. 7. La noire par laquelle la Fugue commence, se change en croche dans la réponse.

I I.

Exemples de thèmes qui commencent par la dominante, et conservent la modulation de la finale.

Tab. XIII. Fig. 1. La tonique répond à la dominante suivant la Ire règle. Par une transgression de degré, la Seconde devient Tierce, pour gagner le ton de la dominante.

Fig. 2. Comme ci-devant.

Fig. 3. Remarquez le changement de Tierce en Seconde.

Fig. 4. Il se trouve ici entre la seconde note du thème et la seconde de la réponse un *mi* contre *fa*, ce que les Anciens nomment *Diabolus in musicâ*. Cette relation est ici excusable, et ne peut pas même être évitée, à moins qu'on ne veuille répéter la première note de la réponse; mais cela gâteroit le chant, et le feroit dégénérer en fanfare.

Fig. 5. Comme à la fig. 3. La partie mineure de l'Octave exige ces sortes de changemens.

Fig. 6. Seconde changée en Tierce pour passer au ton de la dominante.

Fig. 7. Le changement de la seconde note fait, le reste se transpose note pour note.

I I I.

Exemples de sujets qui passent au ton de la dominante.

Tab. XIV. Fig. 1. Tandis que le chant du sujet module dans le ton de la finale, la réponse reste dans le ton de la dominante. Mais aussitôt que l'autre se détourne vers la dominante, celle-ci change de modulation pour repasser dans le ton de la Fugue.

Fig. 2. Comme l'exemple précédent.

Fig. 3. Après avoir parcouru l'Octave de la dominante, la réponse devoit, conformément à la règle, changer les notes d'*ut — sol* en *sol — ut*, et non pas en *sol — re*. Cependant cette licence ne laisse pas de faire un assez bon effet, à cause de la répétition du passage final.

Fig. 4. On sait que la finale et la dominante sont les cordes dans lesquelles les premières répercussions doivent se faire. Voici le contraire à l'égard de la dominante, qui se trouve obligée de céder sa place à la Quarte ; c'est une licence fondée sur un des modes anciens ; car selon les règles du ton mineur, il falloit faire la réponse comme elle se trouve à la même fig. après le mot *ou*.

Fig. 5. Il se trouve entre la troisième note du sujet et la même de la réponse, un *mi* contre *fa*, relation permise en toutes occasions pareilles. On peut encore remarquer le changement de figure de la note initiale.

I V.

Exemples de sujets qui commencent par la Tierce.

Tab. XV. Fig. 1. Sujet transposé note à note dans le ton de la dominante.

Fig. 2. La partie supérieure contient le sujet qui passe au ton de la dominante. La partie inférieure contient la réponse qui fait rentrer le chant dans le ton de la finale. Il me semble qu'on eût mieux fait de commencer la réponse par la Seconde de la dominante, en mettant :

$$Si \quad - mi - la\,|\,re \; - mi\,fa^\star - sol\,si\,la\,sol\,|\,fa^\star\,mi\,re$$
$$à\,la\,place\,d'\,Ut^\star - fa^\star - si\;|\,mi - mi\,fa^\star - sol\,si\,la\,sol\,|\,fa^\star\,mi\,re$$

Cette marque * tient lieu du diézis.

Cette réponse est plus naturelle. Et comme les quatre premières notes par lesquelles le sujet commence, rendent le ton de la Fugue incertain, on feroit encore mieux de tourner la médaille, en prenant cette dernière réponse, qui commence par *si*, pour sujet, et le sujet pour réponse.

Fig. 3. La Tierce de la dominante répond à la médiante sur la première note. Le sujet passe à la dominante. La réponse ramène la Fugue dans le ton.

Fig. 4. Contre la règle : que la tonique et la dominante doivent se répondre sur la dernière note, l'on trouve ici une exception, excusable par l'harmonie et d'autres circonstances. Selon la règle, il falloit arranger la réponse de la manière suivante :

$$mi - ut \;|\; re - sol - fa \;|\; mi - ut\;ut - re\;mi \;|\; fa.$$

Fig. 5. Pour ne se perdre pas dans la modulation de *la mineur*,

étrangère au ton, la réponse change d'intervalle, et regagne par là le ton de la finale.

Fig. 6. Beaucoup d'altération dans le chant de la réponse, pour repasser d'autant plus commodément dans le ton; quoiqu'on eût pu aussi répliquer de la manière suivante :

si - la - sol - re - fa - sol | sol - re mi - fa - mi - re ut - si.*

Fig. 7. C'est la Seconde de la dominante qui répond ici à la médiante de la tonique, pour ne pas gâter le chant.

Fig. 8. Comme l'exemple précédent à l'égard du commencement.

Fig. 9. A là place de la Seconde, par laquelle on répond à la médiante, il auroit mieux valu, conformément au chant fondamental qu'on trouve à la fig. 10, répondre par la Tierce, de la manière suivante :

fa - fa sol - fa - mi re | sol sol - sol fa - sol.*

Fig. 11. Ce n'est pas la Tierce de la dominante, en tant que mineure, mais la sensible du ton qui répond à la médiante, ce qui se peut pratiquer dans un petit thème de cette sorte.

Fig. 12. Bonne réponse faite par la Seconde de la dominante, quoiqu'on eût pu la faire également par la Tierce *ut**, cet exemple n'étant qu'un renversement du précédent.

Fig. 13. C'est moyennant le changement d'une Quarte en Tierce, que la réponse interrompt la progression du chant pour rentrer en *ré mineur.*

Fig. 14. Le sujet se termine sur la seconde du ton. La réponse imite son chant note à note.

V.

Exemples de fugues qui commencent par la quarte du ton.

Voyez la table XVI, fig. 1, 2 et 3. Le sujet y est toujours régulièrement imité d'un bout à l'autre.

V I.

Exemples de fugues qui commencent par la Sixte du ton.

Voyez la table XVI, fig. 4, 5, 6, 7, 8 et 9. Dans ces exemples, la Sixte de la dominante répond par tout à la Sixte de la tonique. En voici un à la fig. 2, tab. XVII, où l'on peut répondre par la Quinte à cette Sixte. Tab. XVII, fig. 2 ; mais il faut commencer autrement, *en prenant le sujet pour réponse, et la réponse pour sujet, ce qui, dans ce cas et en plusieurs autres, est indifférent.*   VII.

V I I.

Exemples de fugues qui commencent par la Seconde du ton.

Tab. XVII. Fig. 1. La réponse se fait par la Seconde de la dominante.

    Fig. 2. Comme précédemment.

    Fig. 3. La réponse se peut faire ou par la Seconde de la dominante, ou par la dominante même.

    Fig. 4. Comme aux fig. 1 et 2, à l'égard du commencement.

    Fig. 5. Comme auparavant. Dans l'endroit du sujet où le ton se change, il se change aussi dans la réponse par la permutation d'un intervalle.

    Fig. 6. La réponse se peut faire de deux façons, par la dominante, ou par la Seconde de la dominante.

    Fig. 7. Pour ne pas gâter le chant, il faut que la réponse commence par la dominante, comme ici.

    Fig. 8. C'est la Seconde de la dominante qui commence la réplique.

V I I I.

Exemples de fugues qui commencent par la Septième.

Tab. XVIII. Fig. 1. Réponse faite par la sensible.

    Fig. 2. Sujet répliqué par la Sixte de la dominante, par rapport à la suite du chant.

    Fig. 3. Comme l'exemple précédent.

    Fig. 4. Réponse faite par la sensible de la dominante. Pour regagner le ton de la finale, elle change une Seconde en Tierce.

    Fig. 5. Le thème ne changeant point de ton, la réponse, en l'imitant, reste toujours dans la modulation de la dominante.

    Fig. 6. Réponse faite par la Sixte de la dominante.

    Fig. 7. Comme précédemment par rapport à la note initiale.

I X.

Exemples de fugues qui finissent.

a) Par la Seconde du ton.

Tab. XV. Fig. 14.

Tab. XXVIII. Fig. 5 et 6. Les deux réponses sont bonnes.

Traité de la Fugue. Ire Part.   5

Fig. 7.

b) Par la médiante du ton.

Tab. X. Fig. 1 et 2.

Tab. XXVIII. Fig. 9. La voix d'en bas contient le sujet, et celle d'en haut la réponse, qui finit par la Seconde de la dominante.

c) Par la Quarte.

Tab. XXVII. Fig. 7.

d) Par la Sixte.

Tab. XXVIII. Fig. 8.

Fig. 9. La voix d'en haut contient le sujet, et celle d'en bas la réponse.

Voici un exemple où la réponse finit par la Quinte de la dominante.

Sujet :   *ut | mi—ut | si —la.*

Réponse : *sol | la —fa | mi—re.*

e) Par la note Sensible du ton.

Tab. XXVIII. Fig. 10.

Fig. 11.

f) Par la septième mineure d'un ton mineur.

Tab. XXVIII. Fig. 12. Les deux réponses sont bonnes.

g) Par la note sensible de la dominante.

1. Sujet :   *ut — si — la — sol — | fa*.*

Réponse : *sol — mi — re — ut — | si.*

2. Sujet :   *ut — mi ut — la — sol — | fa*.*

Réponse : *sol — la fa — re — ut — | si.*

SUITE DU CHAPITRE TROISIÈME.

ARTICLE PREMIER.

Sur les modes des anciens et les tons d'église.

§. I.er

Le plain-chant étant établi sur ces modes et tons , tout organiste et maître de chapelle , employés à l'église , en doivent avoir une connoissance parfaite , pour régler là-dessus leur jeu et leur composition ; faute de quoi, ils courront risque de commettre à tout instant des bévues excusables à tout autre musicien , mais non pas à eux.

§. II.

La suite et l'ordre des cinq tons et deux demi-tons qu'il faut pour composer une Octave, n'étant pas encore fixés par les deux modes d'aujourd'hui, les anciens reconnoissoient autant de *modes principaux* ou *authentiques*, que la situation des demi-tons se pouvoit changer dans la progression diatonique des six premiers intervalles de la Gamme. Ces *six modes authentiques* étoient selon l'ordre établi entre eux :

1) Le mode *Dorien*, procédant par

re mi fa sol la si ut re.

Ce trait ◡ qui embrasse deux notes à-la-fois, est pour indiquer la situation des deux demi-tons.

2) Le *mode Phrygien*, procédant par

mi fa sol la si ut re mi.

3) Le *mode Lydien*, procédant par

fa sol la si ut re mi fa.

4) Le *mode Mixolydien*, procédant par

sol la si ut re mi fa sol.

5) Le *mode Eolien*, procédant par

la si ut re mi fa sol la.

6) Le *mode Jonien*, procédant par

ut re mi fa sol la si ut.

A ces six modes authentiques ou principaux, ils ajoutoient autant de *modes plagaux* ou *moins principaux*, qui ne différoient des premiers, qu'en ce que le chant des modes authentiques rouloit sur les cordes de l'Octave du ton, et que celui des modes plagaux parcouroit les cordes basses de la dominante du ton. Mais on peut se dispenser, aujourd'hui, de faire attention à cette distinction des modes, la modulation du chant ne laissant pas toujours décider, s'il tire son origine d'un mode principal, ou moins principal.

§. III.

Il s'est trouvé des curieux qui ont tenté d'augmenter ces modes des deux suivans :

1) D'un mode principal, qu'ils nomment *Hypereolien*, composé de *si ut re mi fa sol la si.*

2) D'un mode moins principal, qu'ils nomment *Hyperphrygien*, composé de *fa sol la si ut re mi fa.*

Mais comme dans le premier de ces modes, la Quinte de la tonique est fausse, et que par conséquent il n'y a point de dominante, et que par-là le deuxième mode qui doit s'y rapporter, tombe de lui-même, c'est pour cela que ces deux modes ont toujours été rejetés.

D'autres, pour y remédier, ont changé le *fa* en *fa diéze*, ou ils ont changé le *si* en *si b-mol*, en retenant le *fa*, de la manière suivante :

si, ut, re, mi, fa, la, si,*

ou

si b-mol, ut, re, mi, fa, sol, la, si b-mol.

Mais cette tentative, ne produisant rien de nouveau, étoit inutile, parce qu'en regardant la situation des demi-tons, il se trouve que le premier mode avec le *fa diéze*, n'est qu'un *mode phrygien transposé ;* et que le second, qui commence par *si b-mol*, n'est qu'un *mode Lydien transposé.*

§. I V.

Ce fut saint Ambroise, évêque de Milan qui, dans le quatrième siècle, choisit les quatre premiers tons, pour composer là dessus le chant d'église, que saint Grégoire, surnommé *le Grand*, entreprit de corriger au sixième siècle, et augmenta des quatre premiers modes moins principaux.

§. V.

Il ne devoit donc y avoir que ces quatre premiers tons principaux avec ceux qui s'y rapportent, pour servir de modèles aux *huit tons d'église.* Mais on verra, par la démonstration suivante, que plusieurs tons ont subi quelques changemens depuis ce temps-là.

Premier ton en *re* et Dorien, diffère de celui de *re mineur* à l'égard de la Sixte de la finale. Mais on le traite presque par-tout comme ce *re mineur :* c'est un abus difficile à réformer.

Second ton en *sol.* Il est proprement en *re* et Dorien ; mais on le transpose pour la commodité de la voix en *sol mineur.*

Troisième ton en *la.* Il devoit être en *mi* et Phrygien ; mais le ton Eolien en *la* s'est introduit à sa place.

Quatrième ton en *mi.* Il est presque Phrygien. Traiter ce *mi* comme le *mi mineur* d'aujourd'hui, où entrent *le fa** et *le re**, c'est donner des preuves de son ignorance.

Cinquième

Cinquième ton en *ut*. Il est proprement en *fa* et Lydien ; mais on le transpose en *ut majeur* pour la commodité de la voix.

Sixième ton en *fa*, ton Lydien, dans lequel le *si b-mol* s'est glissé déjà depuis long-temps.

Septième ton en *re*. Il est proprement en *sol* et Mixolydien ; mais on le transpose pour la commodité de la voix en *re majeur*.

Huitième ton en *sol*. C'est le ton Mixolydien en *sol* qui ne diffère de celui de *sol majeur* qu'à l'égard de la Septième ; mais cette Septième s'y est déjà changée depuis long-temps.

Voici quelques exemples de fugues, suivant les six véritables modes des anciens, qui serviront à faire connoître leur nature et leur usage.

1) *Dans le mode Dorien en re*,

Voyez la table XIX, fig. 1, 2, 3, 4, 5, 6, 7, 8, 9, où l'on verra la différence qu'il y a du mode Dorien au *re mineur* d'aujourd'hui.

2) *Dans le mode Phrygien en mi*,

Voyez la table XIX, fig. 10, 11, 12, 13, 14 ; et table XX, fig. 1, 2, 3, 4, 5.

3) *Dans le mode Lydien en fa*,

Voyez la table XX, fig. 6 et 7. Conformément à la modulation de notre *fa majeur*, la réponse du premier sujet devroit se faire par

ut | la — si b-mol — sol — ut | fa.

Et celle du second sujet, par

ut — la fa | re ut — si b, la, si b | ut si b — la fa.

4) *Dans le mode Mixolydien en sol*,

Voyez la table XX, fig. 8, 9 et 10. En *sol majeur*, il faudroit faire la réponse de la fig. 8, par

sol sol — fa★ la — si sol fa★ — mi la sol | fa★.

Et celle de la fig. 9, par

sol si la — sol fa★ mi re — sol mi — la sol | fa★.

5) *Dans le mode Eolien en lu*,

Voyez la table XX, fig. 11, 12, 13, 14, 15. Selon la modulation de notre *la mineur*, il faudroit répondre au sujet de la fig. 11, par

la — la | la sol — fa★ sol — la fa★ | sol | fa★, etc.

A celui de la fig. 12, par

mi fa★ — sol fa★ | mi.

Et à celui de la fig. 13, par

la la la la — la sol — fa★ la, etc.

6) *Dans le mode Ionien en ut*,

Voyez la table XXI, fig. 1 et 2. Avant que de finir cet article, je vais résoudre quelques questions touchant les modes des anciens.

Traité de la Fugue. Ire Part.   6

Table XXI, figure 3. Cet exemple se rapportant en tout au *sol majeur* d'aujourd'hui, il n'est sûrement pas du ton Mixolydien. C'est donc un mode transposé ; et en faisant attention à la situation des demi-tons, on trouve que c'est un ton Ionien transposé, comme l'on voit à la figure 4, table XXI: car pour qu'il fût du ton Mixolydien, il faudroit faire la réponse comme à la fig. 5, table XXI.

Table XXI, fig. 6. C'est encore un mode Ionien transposé, comme il paroît par la réduction de l'exemple à la fig. 7. Si on l'arrange comme à la fig. 8, il devient un ton Mixolydien transposé, comme l'on peut voir à la fig. 9.

Table XXI, fig. 10. Le b-mol, qui se trouve dans la réponse, fait voir que cet exemple n'est pas du mode Dorien. La situation des demi-tons montre évidemment que c'est un mode Eolien transposé, fig. 11.

Table XXI, fig. 13. Encore un mode Eolien transposé, comme l'on peut voir à la fig. 14. Dans le mode Dorien, il faudroit faire la réponse comme à la fig. 15.

Table XXI, fig. 16. Cet exemple se rapportant en tout au *sol majeur*, n'est qu'un ton Ionien transposé, fig. 17. Pour être du mode Mixolydien, il faudroit que la réponse fût comme à la fig. 18.

Table XXI, fig. 19. Exemple qui est bon pour *la mineur*, mais non pas pour le mode Eolien. La réponse qui se trouve à la fig. 20, est mauvaise, parce qu'elle doit finir par la dominante *mi*, et non pas par la quarte *re*. Celle de la fig. 21 ne vaut rien non plus, parce que la cadence, par laquelle elle finit, n'étant pas conforme à celle du sujet, il s'y trouve un *mi* contre *fa*, sans nécessité ; en transposant donc l'exemple de la fig. 19, dans le véritable ton, on trouve qu'il est fondé sur le mode Dorien, comme on le voit à la fig. 22.

Table XXI, fig. 23. C'est un mode Eolien transposé, comme il paroît par la fig. 24. En arrangeant cet exemple comme à la fig. 25, c'est alors un Dorien transposé, fig. 26. Mais c'est assez parler des modes et tons des anciens.

Article II.

Sur les Fugues chromatiques.

§. I.er

Il y a trois sortes de progressions de chant, la *diatonique*, *la chromatique* et l'*enharmonique*.

La *progression est diatonique*, quand elle est conforme à la succession naturelle des cinq tons et des deux demi-tons, qui constituent l'Octave d'une tonique.

Chromatique, quand elle ne procède que par demi-tons.

Enharmonique, quand, sur le même son, représenté par deux degrés diffé-rens, on passe d'un ton à l'autre ; par exemple,

$$ut - re - mi \; b\text{-}mol - re \; di\acute{e}ze - mi - si.$$

§. I I.

La progression chromatique n'a pas seulement lieu dans les tons mineurs, mais aussi dans les tons majeurs. Si les sujets, composés sur un chant diatonique, ne se rapportent qu'au ton de la finale ou à celui de la dominante, les sujets chromatiques parcourent au contraire plusieurs tons de suite.

§. I I I.

Pour bien régler la réponse d'un sujet chromatique, on n'a qu'à le changer en sujet diatonique, en ôtant les dièze et les b-mols ou les b-carres. Voyez, par exemple, le sujet suivant en *la mineur* :

$$la \mid ut - ut^\star - re - re^\star \mid mi.$$

Quand on retranche l'*ut*★ et le *re*★, comme des demi-tons étrangers au ton de *la mineur*, il nous reste ce chant fondamental en progression diatonique :

$$la \mid ut - re \mid mi.$$

Dont la réplique se peut faire par

$$mi \mid fa - sol \mid la.$$

Placez à présent le sujet et la réponse l'un vis-à-vis de l'autre, comme

$$\text{sujet :} \quad la \mid ut - re \mid mi.$$
$$\text{réponse :} \quad mi \mid fa - sol \mid la.$$

Comme le premier demi-ton du sujet chromatique se fait sur le degré de la note *ut*, et le second sur celui de *re*, il faut donc imiter ces deux demi-tons sur les mêmes degrés qui représentent cet *ut* et *re* dans la réponse. Ces degrés sont celui de *fa* et celui de *sol* : en conséquence, la réponse se présentera vis-à-vis du sujet, de la manière suivante :

$$\text{sujet :} \quad la \mid ut - ut^\star - re - re^\star \mid mi.$$
$$\text{réponse :} \quad mi \mid fa - fa^\star - sol - sol^\star \mid la.$$

C'est de cette façon qu'il faut s'y prendre pour tout sujet chromatique, en quelque ton que ce soit, en montant et en descendant.

Exemples de Fugues chromatiques.

Tab. XXII.   Fig. 1. Les notes fondamentales de cet exemple en progression diatonique sont :

> sujet :   *re | la — ut — si b-mol | la.*
>
> réponse : *la | re — sol — fa | mi.*

Fig. 2. Le chromatique se trouve entre le *fa★* et le *fa naturel* du sujet.

Fig. 3. Exemple transposé note pour note.

Fig. 4. Comme l'exemple précédent, sinon que les deux premières notes ont souffert un peu d'altération.

Fig. 5. Sujet transposé note pour note, à la troisième note près.

Fig. 6. Exemple un peu bizarre quant à l'harmonie, quoique juste.

Tab. XXIII.   Fig. 1. Le chromatique est dans un ton majeur. La modulation exige la permutation des intervalles, qui se trouve ici.

Fig. 2. Les notes fondamentales de cet exemple en progression diatonique, sont :

> sujet :   *mi — re — ut | si.*
>
> réponse : *la — sol — fa | mi.*

Fig. 3. Exemple d'un chant chromatique un peu caché.

Fig. 4. La réponse devoit proprement se faire comme il suit :

> *la — si — ut — ut★ — re re | la.*

Fig. 5. Exemple facile à entendre.

Fig. 6. Exemple d'imitation étroite.

Fig. 7. La Septième par laquelle le sujet commence, se change dans la réponse en Sixte.

Tab. XXIV.   Fig. 1, 2, 3, 4, 5. Concevant bien les exemples précédens, on comprendra facilement ceux-ci, sans autre explication.

Fig. 6. Dans le premier des exemples que cette figure renferme, le sujet est chromatique, et la réponse suit diatoniquement. Dans le second, c'est tout le contraire. La réponse se peut encore faire ici comme au dernier exemple.

Fig.

Fig. 7. La première réponse imite mieux pour la modulation, la seconde pour la mélodie : celle-ci l'emporte sur l'autre.

Tab. XXV.   Fig. 1, 2, 3, 4, 5. Toutes les réponses sont justes.

Fig. 6, 7. La seconde réponse est la bonne.

Fig. 8. Les notes fondamentales du chant sont :

$$\text{sujet :} \qquad mi - re \quad | \quad ut - si.$$
$$\text{réponse :} \quad si \ - sol \ | \ fa - mi.$$

C'est un exemple qui se rapporte au mode phrygien. Selon le mode de *mi mineur*, on pouvoit l'expliquer par

$$si \ | \ la^\star - la - sol^\star - sol \ | \ fa^\star.$$

A R T I C L E I I I.

Contenant toutes sortes de sujets.

Tab. XXVI.   Fig. 1 et 2. On observera que dans le premier exemple, c'est la Seconde du ton ; et dans le deuxième, la tonique qui répond à la dominante *la* dans la seconde mesure. L'imitation du sujet est étroite et canonique.

Fig. 3. Fugue qui finit sur un mauvais temps. On peut, si l'on veut, prendre la réponse pour sujet, et le sujet pour réponse.

Fig. 4. On ne risqueroit rien de reprendre la fugue de la manière suivante :

$$la \ sol^\star \ | \ ut \ si \ | \ mi \ re \ , \ etc.$$

Fig. 5. Selon la règle, la réponse devoit commencer comme à la fig. 6. C'est une licence de goût. A la place de

$$fa^\star \ re ,$$

par où la réponse finit, on devoit aussi prendre

$$mi \ - \ ut ,$$

en faisant entrer sur ce *mi* la troisième voix : mais l'auteur en a jugé moins rigoureusement.

Fig. 7. Les deux réponses sont justes.

Fig. 8 et 9. La première réponse est meilleure que la seconde, parce que le chant y est moins altéré. La règle *que la tonique et la dominante* se doivent répondre, même dans le milieu d'un sujet , n'a été donnée que pour faire éviter les digressions dans un ton étranger au mode. Quand il n'y a rien à craindre de ce côté-là , la règle peut toujours souffrir une exception.

Fig. 10, 11, 12, 13. Répliques qui ne peuvent être faites autrement.

Fig. 14, 15, 16. Si l'on ne vouloit pas répondre aux notes de *sol — si* par celles d'*ut — mi* , il faudroit prendre *ut — fa*★ ; mais cela n'est pas si naturel que de l'autre manière.

Fig. 17, 18, 19. Ce sont des fugues où le sujet peut servir de réponse, et réciproquement.

Tab. XXVII. Fig. 1. La réponse se faisant dans le ton de la Quarte , elle se rapporte au ton Mixolydien en *sol.* Selon notre *fa* d'aujourd'hui, elle devoit se faire dans le ton de la dominante, comme l'on voit à la fig. 2.

Fig. 3. Comme l'exemple précédent, à l'égard du ton de la réplique ; laquelle devroit proprement se faire comme l'on voit à la suite de l'exemple.

Fig. 4. L'imitation étroite et canonique, par laquelle les voix s'entre-suivent, demande cette réponse , qui, sans cela, se devoit faire comme à la fig. 5.

Fig. 6. Il en est de cet exemple comme du précédent. La vraie réponse, en tout autre cas, se trouve à la suite de la première.

Fig. 7. Le sujet finissant par la Quarte , la réponse finit par la tonique ; c'est dans la règle.

Fig. 8, 9. Exemples de sujets qui peuvent servir de réponses, et réciproquement.

Fig. 10. C'est la seconde du ton , et non pas la tonique, qui répond à la dominante en finissant ; ce qui ne fait rien quand la modulation n'y perd pas , et que le chant y gagne.

Tab. XXVIII. Fig. 1. La première réponse, quoiqu'elle finisse contre la règle à l'égard de la dernière note , est bonne, parce que la bonne modulation n'y est point blessée. La seconde réponse est dans la règle , mais le chant y souffre.

Fig. 2. Bon exemple.

Fig. 3, 4. La première réponse se rapporte au *sol majeur*
d'aujourd'hui, la seconde au mode Mixolydien ; bonnes
toutes les deux.

Fig. 5, 6. La première réponse finit par la Seconde de la dominante ; la seconde réponse finit par la dominante
même.

Fig. 7. L'entrée du sujet par la troisième voix nous fait perdre
la dernière note de la réponse , ce qui peut se pratiquer
toujours.

Fig. 8. Les deux réponses sont également bonnes.

Fig. 9. Le sujet finit par la Sixte du ton, la réplique par celle
de la dominante.

Fig. 10. Sujet qui peut servir de réponse , et réciproquement.

Fig. 11. Le sujet finit par la note sensible du ton, et la réponse
par celle de la dominante.

Fig. 12. Sujet qui admet deux réponses.

CHAPITRE IV.

De la répercussion, et du progrès de la Fugue.

§. I.er

Il n'importe que ce soit le Dessus ou la Basse , la Haute-Contre ou la Taille
qui commence la Fugue. Mais l'ayant commencée , il est nécessaire , pour
produire de la variété, d'observer un certain ordre entre les parties à l'égard
de la prise et reprise du sujet ; du moins faut-il observer cet ordre dans les
premières entrées, et on ne le peut transgresser que dans le cours de la Fugue.
Pour la réplique du sujet à l'égard du temps de la mesure , il faut remarquer
que le premier et le troisième temps étant également bons , et le second et le
quatrième étant également mauvais , il est indifférent quel bon ou mauvais
temps réponde au sujet , pourvu que la réponse se fasse par un bon temps
quand la Fugue a commencé par un bon temps , et réciproquement du mauvais temps.

§. II.

Dans une *Fugue à deux parties* , le sujet et sa réponse se font entendre
alternativement dans le Dessus et dans la Basse , et l'on n'interrompt guère cet
ordre qu'après un passage.

§. I I I.

Dans une *Fugue à trois parties*, la troisième voix peut également prendre la Fugue à l'Octave de la première et à celle de la seconde partie, suivant que les circonstances l'exigent.

§. I V.

Dans une *Fugue à quatre parties*, le Dessus se rapporte à la Taille, réciproquement, comme la Haute-Contre à la Basse, et réciproquement. C'est donc dans la première et troisième voix que le sujet doit paroître, et dans la seconde et quatrième, que la réponse se doit faire, dans les premières répercussions de la Fugue.

On comprend aisément que ce n'est pas le Dessus que j'entends par première partie. Je désigne par-là toute partie qui commence la pièce, soit qu'elle soit Dessus, Haute-Contre, Taille ou Basse.

§. V.

Comme on en use à l'égard d'un sujet, on en use de même à l'égard de plusieurs. La double Fugue n'a donc d'autres règles que celles de la simple Fugue, quant à la reprise du sujet et de la réponse.

§. V I.

Dans une Fugue à plus de quatre parties, toutes les voix paires, comme la seconde, quatrième et sixième, etc., se rapportent l'une à l'autre. Il en est de même des voix non-paires, comme de la première, troisième, cinquième, ect.

§. V I I.

Quoique, suivant ce que je viens de dire, les premières répercussions d'une Fugue doivent être alternatives entre le sujet et la réponse, on a néanmoins la liberté, même dans les premières entrées, quand les circonstances l'exigent, de répéter le sujet deux fois de suite en deux différentes voix au moyen de l'imitation à l'Octave, et d'en faire autant à l'égard de la réponse. Voyez la table XXIX, fig. 1, 2, 3, 4.

§. V I I I.

Ces dernières entrées à l'Octave, jointes à celles qui se font à la Quinte ou à la Quarte, donnent en tout vingt-quatre manières d'entrées ou de répercussion, comme on peut voir par la table suivante.

T A B L E

TABLE

De toutes les manières possibles dont les parties peuvent s'entre-suivre.

a) Quand le Dessus commence.
1) Dessus, Haute-Contre, Taille, Basse.
2) Dessus, Haute-Contre, Basse, Taille.
3) Dessus, Basse, Haute-Contre, Taille.
4) Dessus, Basse, Taille, Haute-Contre.
5) Dessus, Taille, Haute-Contre, Basse.
6) Dessus, Taille, Basse, Haute-Contre.

b) Quand la Haute-Contre commence.
1) Haute-Contre, Taille, Basse, Dessus.
2) Haute-Contre, Taille, Dessus, Basse.
3) Haute-Contre, Dessus, Basse, Taille.
4) Haute-Contre, Dessus, Taille, Basse.
5) Haute-Contre, Basse, Taille, Dessus.
6) Haute-Contre, Basse, Dessus, Taille.

c) Quand la Taille commence.
1) Taille, Haute-Contre, Dessus, Basse.
2) Taille, Haute-Contre, Basse, Dessus.
3) Taille, Basse, Dessus, Haute-Contre.
4) Taille, Basse, Haute-Contre, Dessus.
5) Taille, Dessus, Basse, Haute-Contre.
6) Taille, Dessus, Haute-Contre, Basse.

d) Quand la Basse commence.
1) Basse, Taille, Haute-Contre, Dessus.
2) Basse, Taille, Dessus, Haute-Contre.
3) Basse, Dessus, Haute-Contre, Taille.
4) Basse, Dessus, Taille, Haute-Contre.
5) Basse, Haute-Contre, Taille, Dessus.
6) Basse, Haute-Contre, Dessus, Taille.

C'est au goût du compositeur à juger de quelle manière les parties peuvent le mieux s'entre-suivre. Encore une règle pour lui, c'est *que le sujet et sa réponse ne doivent pas seulement se faire entendre dans les parties extrémes ; il faut encore, lors même que toutes les parties travaillent ensemble, que celles du milieu y participent aussi bien que le Dessus et la Basse.* Il est vrai, qu'en travaillant sur-le-champ, cette prise de la Fugue, par une moyenne partie, est

Traité de la Fugue. Ire Part. 8

ce qui est presque le plus difficile dans la Fugue ; mais c'est aussi par-là qu'on reconnoît la main et le génie du maître.

§. I X.

Malgré toutes ces différentes manières de prendre la Fugue, il n'y auroit pas assez de diversité, si l'on n'y employoit que l'Octave de la tonique et celle de la dominante. Il faut, au contraire, qu'après les premières entrées, la Fugue passe de temps en temps dans un autre ton, sans pourtant la traiter en rondeau, ni en observant une progression géométrique de mesure, la partager en couplets, en terminant chaque section par une cadence parfaite. C'est assez la manière de quelques organistes qui n'entendent pas le métier. Pour se mettre au fait de la bonne modulation, il faut consulter les Fugues des bons maîtres, en tâchant de les imiter. Il est impossible de réduire tout en règles ; mais afin que l'on sache ce que c'est que *moduler* et *cadencer*, voici en deux articles une idée de ces termes :

A R T I C L E P R E M I E R.

De la modulation ou *de la digression d'un ton à l'autre.*

§. Ier

Toutes les modulations possibles sont ou *régulières* ou *irrégulières.*
Régulières, quand on passe dans un ton contenu dans l'Octave de la finale.
Irrégulières, quand on passe dans un ton qui n'est pas contenu dans l'Octave de la finale, ou qui, quoiqu'il y soit contenu, n'a pas sa dominante dans l'Octave du ton.

§. I I.

La modulation régulière

d'un ton majeur,	*d'un ton mineur,*
Consiste à passer dans le ton de la	Consiste à passer dans le ton de la
Seconde,	*Tierce,*
Tierce,	*Quarte,*
Quarte,	*Quinte,*
Quinte ou	*Sixte* et }
Sixte.	*Septième.* } mineüre.

REMARQUE.

La Tierce telle qu'elle se trouve naturellement dans l'Octave de la finale , décidant toujours du mode , on ne peut passer du ton d'*ut majeur* dans celui de *re majeur* ou de *fa mineur ;* il faut, au contraire, que le ton de *re* soit *mineur*, et celui de *fa , majeur*, et ainsi de tous les autres tons. Quand , au préjudice de cette règle , on change la qualité de la Tierce, qu'on passe , par exemple, dans le ton de la dominante , et qu'on y emploie la Tierce mineure, comme Couperin et d'autres compositeurs ont fait dans quelques allemandes et courantes, c'est alors une licence de modulation faite par goût , qui peut étre imitée en toute autre pièce , mais non pas dans la Fugue.

§. I I I.

La modulation irrégulière

d'un ton majeur,

Consiste à passer , ou 1) dans le ton de la *Septième majeure,* en haussant sa Quinte d'un demi-ton par le moyen d'une feinte , ou

2) dans le ton de la *Septième mineure*, en baissant la Septième naturelle de la finale par le moyen d'une feinte.

d'un ton mineur,

Consiste à passer , ou 1) dans le ton de la *Seconde majeure,* en haussant sa Quinte d'un demi-ton par le moyen d'une feinte, ou

2) dans le ton de la *Seconde mineure,* en baissant la Seconde naturelle de la finale par le moyen d'une feinte.

Ce n'est qu'en passant qu'on peut se servir de ces modulations irrégulières , sans y transposer le sujet ou la réponse : l'on ne peut même, dans aucune bonne composition , y faire une cadence.

§. I V.

Après ces modulations régulières et irrégulières, il faut encore connoître *les modulations enharmoniques* , introduites depuis peu, et qui ne sont pas encore connues de tout le monde ; quoiqu'elles ne soient d'aucun usage dans la Fugue , et que l'on ne puisse s'en servir que dans des pièces de caprice, elles peuvent cependant être expliquées ici. On les fait pour l'ordinaire par le moyen des dissonances, que l'on sauve tout autrement que le ton où l'on est ne le demande , en se représentant un même son sur deux degrés différens ; et c'est par cette résolution étrangère que l'on passe tout d'un coup à un tout autre ton. Voici quelques exemples qui serviront à en imaginer d'autres.

PREMIER EXEMPLE.

Supposons l'harmonie de
$$\begin{cases} la \text{ au Dessus.} \\ mi\ b\text{-}mol \text{ à la Haute-Contre.} \\ ut \text{ à la Taille.} \\ fa^\star \text{ à la Basse.} \end{cases}$$

Qu'est-ce que l'oreille attend après cette dissonance ? Sûrement l'accord parfait de *sol mineur*; mais on la trompe en faisant paroître toute autre harmonie, et même il y a trois manières de la tromper ; savoir, en se représentant les quatre notes qui forment cette dissonance.

1) Ou comme
$$\begin{cases} la \\ re^\star \\ ut \\ fa^\star \text{, ce qui nous mène au ton de } mi\ mineur. \end{cases}$$

2) Ou comme
$$\begin{cases} la \\ re^\star \\ si^\star \\ fa^\star \text{, ce qui nous mène au ton d'}ut^\star\ mineur. \end{cases}$$

3) Ou comme
$$\begin{cases} la \\ mi\ b\text{-}mol \\ ut \\ sol\ b\text{-}mol \text{, ce qui nous mène au ton de } si\ b\text{-}mol\ mineur. \end{cases}$$

Voilà donc *quatre tons différens* où je puis passer par le moyen d'un accord de Septième diminuée, ou par un de ses accords renversés.

SECOND EXEMPLE.

Imaginons-nous l'harmonie de
$$\begin{cases} fa \\ re \\ si \\ sol. \text{ Basse.} \end{cases}$$

Il n'est personne qui ne sache sauver cet accord de Septième conformément au ton d'*ut ;* mais pour en sortir tout d'un coup, on change la Septième *fa,* qui devoit descendre d'un degré, dans la Sixte superflue de *mi^\star*, qu'on est obligé de faire monter d'un demi-ton. Il faudroit un traité entier sur toutes les modulations enharmoniques possibles, qui, employées avec goût et discernement, surprendront toujours agréablement l'oreille. Les Italiens s'en servent avec succès dans leur récitatif, et un des premiers qui en ait fait usage, c'est *Scarlatti* le père, artiste très-célèbre à Naples. (*)

(*) On trouve chez l'Editeur de cet ouvrage les célèbres Fugues de Domenico Scarlatti.

ARTICLE SECOND.

ARTICLE II.

Des différentes espèces de cadences.

§. I.er

On entend par *cadence,* une chûte ou conclusion de chant, composée de deux notes dans chaque partie. Ces deux notes sont appelées *essentielles*, et les autres qui leur servent d'accompagnement ou de préparation, se nomment *accidentelles.*

§. II.

Toute cadence est *parfaite* ou *imparfaite.*

Parfaite, quand elle satisfait de façon qu'elle ne laisse plus rien à désirer après elle.

Imparfaite, quand elle laisse encore désirer quelque chose après elle.

§. III.

La *cadence parfaite* sert non-seulement au milieu d'une pièce de musique, pour y faire distinguer une partie, une reprise ou un couplet l'un de l'autre, mais elle sert encore à finir totalement une pièce. Elle se fait par degrés conjoints et disjoints, en montant et en descendant; et pour la connoître à fond, il faut faire attention à toutes les quatre parties de la musique à-la-fois.

Dans le Dessus elle se fait *sur la tonique*, ou en y montant de la sensible, Tab. XXX, fig. 1, 2, ou en y descendant de la Seconde du ton, fig. 3.

Dans la Haute-Contre elle se fait *sur la dominante*, ou en la faisant entendre deux fois de suite, Tab. XXX, fig. 1, 2, 3, ou en y descendant de la sensible, fig. 11.

Dans la Taille elle se fait *sur la médiante*, ou en y descendant de la Quarte du ton, Tab. XXX, fig. 1, 3, ou en y montant de la Seconde du ton, fig. 2.

Dans la Basse elle se fait *sur la tonique*, en y montant ou descendant de la dominante, Tab. XXX, fig. 1, 2, 3.

OBSERVATIONS.

1) Les parties ne finissent pas toujours par les intervalles qui forment leur cadence ; elles les permutent souvent entre elles, et c'est de là que proviennent les *cadences par renversement.* Voy. par exemple, Tab. XXX, fig. 4, 5, 6, 7, 8, 9 et 10.

Traité de la Fugue. I.re Part. 9

2) Pour préparer une cadence parfaite, on se sert , pour l'ordinaire , de l'accord de la grande Sixte, ou de celui de la Sixte-Quarte, ou de celui de la Onzième. Afin que la dernière note de la cadence parfaite se puisse faire sur un bon temps de mesure , cet accord, qui lui sert de préparation , doit se faire entendre d'avance sur un bon temps, Tab. XXX, fig. 12 , 13 , 14.

3) Quand on fait demeurer la Basse quelque temps sur la dominante ou sur la tonique, en suspendant l'accord final par toutes sortes d'harmonies, qui , dans une fugue, doivent se rapporter au sujet , cela s'appelle *point d'orgue* , Tab. XXX, fig. 15, 16.

§. I V.

La *cadence imparfaite* ne peut servir régulièrement qu'au milieu d'une pièce , malgré l'usage contraire qu'on en fait quelquefois, en la faisant servir à la fin. Il y en a *de trois sortes :*

La première se fait, quant à la progression de la Basse, de la tonique à la dominante, Tab. XXXI, fig. 1 , 2.

La seconde se fait , quant à la progression de la Basse, de la Quarte à la tonique. L'harmonie qu'on fait porter à la note pénultième, est ou *l'accord parfait* , Tab. XXXI , fig. 3 et 4, ou *l'accord de la grande Sixte* , fig. 5 et 6. M. Rameau la nomme , dans ce dernier cas , *cadence irrégulière* ; et M. Leclair s'en est servi pour finir une pièce. Voy. la Sonate IV en trio de son quatrième œuvre , page 17 de la Basse continue, dernière ligne.

La troisième , qui n'a lieu que dans le mode mineur, se fait à l'égard de la Basse , de la Sixte à la dominante. Elle tire son origine du mode Phrygien en *mi* ; ou elle se fait de la Seconde *re* à la tonique *mi*, Tab. XXXI, fig. 8. La Basse change quelquefois de note pénultième, en mettant à la place de la Sixte ou la Quarte, fig. 9 , ou la Seconde, fig. 10. Pour l'ordinaire, cette cadence ne s'emploie aujourd'hui que dans une musique d'église, où la note pénultième, précédée en même degré de l'accord de la Septième, porte l'accord de la Sixte ou celui de la petite Sixte. Dans toute autre musique on se sert de l'accord de la Sixte superflue sur la note pénultième , fig. 11.

§. V.

Toute cadence peut être évitée de deux façons :

1) Quand la Basse change de progression.
2) Quand les parties supérieures changent d'harmonie sur la dernière note de la Basse.

Ces sortes de cadences, que l'on nomme aussi *cadences feintes ou rompues*, écartant le véritable intervalle ou la véritable harmonie que l'oreille attend , servent à entretenir une longue suite de chant et d'harmonie, d'autant plus nécessaire dans une fugue, que jamais les parties ne doivent se reposer toutes à la fois ; mais que le tissu d'harmonie , une fois entamé, y doit être continué sans interruption et tout d'une haleine d'un bout à l'autre. Voici quelques exemples de cadences évitées :

Tab. XXXI, fig. 12. *(a)* et *(c)*. La dominante monte d'un ton au lieu de passer à la tonique. C'est sous *(b) (d) (e)* et *(f)* que l'on trouve le renversement de ces exemples, à l'égard de l'harmonie. Auprès de *(g)* et *(h)*, la Basse descend de Tierce. Voy. *(i) (k) (l)* et *(m)* pour le renversement.

A *(n)* et *(o)*, la Basse monte de Quinte. La suite alternative d'accords de Quarte dans une progression de Quinte en montant, et de Quarte en descendant, s'observe dans le premier exemple. Les renversemens du second exemple se voient auprès de *(p) (q)* et *(r)*.

A *(s)* et *(t)*, l'harmonie se change sur la note finale ; d'où il résulte la suite d'accords de Septième, assez connue dans une progression alternative de Quarte et de Quinte. Auprès de *(u) (v)* et *(w)* on trouve le renversement du premier exemple.

A *(x)*, la cadence s'évite sur la note pénultième par la Tierce mineure.

SUITE DU CHAPITRE QUATRIÈME.

Les premières entrées d'une fugue coûtent, pour l'ordinaire, peu de peine. Le progrès en est accompagné d'un peu de difficulté ; mais on trouvera le moyen de le surmonter également, si l'on fait attention aux règles et observations suivantes, pour la pratique desquelles je suppose qu'on ait inventé un thème traitable, 1) par rapport à l'harmonie, 2) par rapport à l'imitation , et sur-tout 3) par rapport à l'imitation étroite, par laquelle le sujet et sa réponse doivent s'entre-suivre, tantôt en bas, tantôt en haut, à deux , trois et quatre, suivant le nombre des parties. Cependant, comme tous les thèmes n'admettent pas toujours cette imitation étroite en entier, il est alors permis d'*abréger* et de *couper* le thème.

On appelle *abréger le thème* , quand on n'en prend que les premières notes pour les travailler selon les règles de l'imitation étroite. Remarquez bien la condition *d'imitation étroite*, sans laquelle il n'y auroit pas grand mérite d'abréger le thème, tout ignorant en étant aussi capable que l'habile homme. En abrégeant le thème, on peut joindre toutes les autres espèces d'imitations à l'étroite.

On appelle *couper le thème*, quand on le partage en différentes portions, et qu'en distribuant ces portions à différentes voix, on les travaille l'une contre l'autre au moyen de l'imitation. Des exemples nous vont mettre au fait.

PREMIER EXEMPLE.

Le thème se trouve à la fig. 13, Tab. XXXI. Les figures 14, 15, 16, 17, 18, 19, 20, 21 et 22, contiennent les imitations de Seconde, Tierce, Quarte, Quinte, Sixte, Septième et Octave, dont il peut être traité. Plusieurs de ces imitations sont convertibles, comme l'on pourra en faire l'épreuve. Dès la fig. 14, les voix s'entre-suivent toujours à contre-temps. L'exemple de cette fig. 14 peut être mis à quatre, en haussant la réponse à la distance d'une Octave, et en augmentant alors chaque voix d'une partie à la Tierce, de la manière que j'ai eu soin de le désigner par des guidons. Pour épargner la place, je n'ai mis ici que le commencement de la plupart des exemples : on pourra toujours les continuer jusqu'à la fin du thème.

DEUXIÈME EXEMPLE.

Le thème se voit à la fig. 1, Tab. XXXII, et toute la page est remplie de ses imitations. En les suivant de figure en figure, on voit comment la réponse se rapproche toujours de plus en plus de son sujet. Aux fig. 18 et 19, les deux parties s'entre-suivent à contre-temps par mouvement semblable et contraire. Aux fig. 20 et 21, les voix prennent le sujet à deux et à quatre parties à-la-fois, par l'addition des Tierces, dont l'une, à la fig. 21, se change en Seconde, pour ne pas violer les règles de la bonne harmonie. A la fig. 22, on voit l'étroite imitation du sujet à trois parties. C'est aux 17 premières imitations, que le double Contrepoint à l'Octave, Dixième et Douzième, a beaucoup de part ; mais nous passons là-dessus, n'ayant pas encore expliqué les règles du double Contrepoint.

TROISIÈME EXEMPLE.

Dans les deux exemples précédens, il ne s'agissoit que d'un seul thème : en voici deux à la fois à la Tab. XXXIII, fig. 1. Le sujet principal est marqué par (1), le contre-sujet par (2). C'est de ces sujets abrégés et coupés que naissent les exemples des fig. 2 et 3.

QUATRIÈME

QUATRIÈME EXEMPLE.

Voyez la Tab. XIII, fig. 4, pour le thème ; et la Tab. XXXIII, fig. 4 et 5, pour le travail.

CINQUIÈME EXEMPLE.

Tab. XXXIII, fig. 6. C'est un exemple d'imitation étroite, combinée avec une imitation d'augmentation et une autre par mouvement contraire. A la fig. 7, les voix s'entre-suivent encore plus étroitement.

SIXIÈME EXEMPLE.

Cet exemple se trouve *dans les planches de la seconde partie*, Tab. XLIX, fig. 1, où le travail fait là-dessus, commence à la lettre *(a)*, et ne finit qu'à celle de *(z)*. On ne voit par-tout que *thème contre thème*, entier et en partie, en toutes sortes d'imitations, à deux, trois et quatre parties.

SEPTIÈME EXEMPLE.

Il se trouve à la suite du précédent, *aux planches de la seconde partie*, Tab. L, dès le n.° 1 jusqu'au 74. C'est encore thème contre thème, et cela toujours en entier. Plusieurs de ces exemples étant un peu dénués d'harmonie, il est à remarquer qu'ils ne sont pas faits pour être pratiqués de cette façon. On n'a voulu démontrer par là que la possibilité de traiter un seul sujet par toutes sortes d'imitations étroites. Il ne sera pas difficile d'ajouter de l'harmonie aux exemples qui en ont besoin.

SUITE DES RÉFLEXIONS de la page 35.

Lorsqu'on a examiné un sujet de la façon que je viens de dire, ayant eu soin de mettre par écrit toutes les différentes espèces d'imitations à deux, trois et quatre parties, avec les autres tours d'harmonie et de mélodie, qui résultent de cet examen ; on a fait alors plus des trois quarts du chemin ; il ne s'agit que de se former un plan pour mettre ensemble tous ces différens lambeaux. Mais ce plan doit être réglé de façon que les coups d'art se succèdent toujours de plus fort en plus fort, afin que, quelque beau que soit le commencement, le milieu l'emporte sur la fin, et la fin sur le milieu. C'est la remarque d'un grand maître, le célèbre Bononcini.

I.

*Règles et Observations générales pour le progrès d'une simple fugue
à deux, trois ou quatre parties.*

1) Les premières entrées faites, on fait une cadence, ou dans la tonique,
ou dans la dominante, suivant que l'harmonie qui précède semble l'exiger
le plus naturellement.

2) Mais comme cette cadence ne doit point du tout interrompre le mouvement de la pièce, il faut qu'une des parties, notamment celle où la fugue
n'a pas été en dernier lieu, reprenne le sujet ou la réponse, ce qui est indifférent, sur un des temps de la cadence.

3) C'est à présent qu'il faut rapprocher la réponse du sujet, ou le sujet
de la réponse, en répliquant à cette nouvelle entrée par les autres voix.

4) Le tour de la deuxième prise de fugue étant fait, on fait une deuxième
cadence, mais dans un autre ton que la précédente.

5) Après avoir achevé la troisième prise de fugue, qui commence par
cette cadence, et qui doit être encore plus étroite que la précédente à l'égard
de l'imitation, on fait rentrer la fugue dans le ton de la finale. On y travaille le thème de nouveau et plus que jamais, après quoi la pièce finit.

Voilà la manière dont tout commençant en doit user, jusqu'à ce qu'il soit
en état lui-même de se tracer un modèle de fugue plus long ou plus court,
comme il le voudra.

R E M A R Q U E S.

1) Autant pour rendre les rentrées plus frappantes, que pour que les voix ne
s'entortillent pas l'une dans l'autre, et afin de laisser un peu respirer
les voix, on a la liberté de faire taire, pendant quelque temps, la partie
qui doit ensuite reprendre la fugue ; mais il faut que la dernière note
de la partie qui doit garder le silence, ne fasse pas une dissonance
contre une autre partie, tout silence ne pouvant se faire absolument que
sur une consonnance.

2) Ce qui se dit dans la remarque précédente d'une partie à laquelle on
fait garder le silence, doit aussi s'entendre de plusieurs parties que l'on
fait cesser ou à-la-fois, ou l'une après l'autre.

3) Comme l'on traite la fugue par mouvement semblable à l'égard des entrées, on traite au même égard la fugue par mouvement contraire,
dite *Contre-Fugue.*

I I.

Règles et Observations générales pour une double Fugue à deux, trois ou quatre parties et davantage.

1) Tout sujet doit se distinguer l'un de l'autre par la quantité et la qualité des notes, comme par le temps du commencement et de la fin.

2) Les différens sujets doivent être convertibles entre eux, sinon en entier, du moins en partie, afin qu'en les faisant changer de place, c'est-à-dire, en employant la Basse pour le Dessus, et réciproquement, on puisse du moins faire entendre une portion de l'un avec une portion de l'autre, s'il n'y a pas moyen de les faire entendre entièrement ensemble.

C'est le double, triple et quadruple Contrepoint, qu'on expliquera ci-après, qui nous rendra les deux règles précédentes plus intelligibles au moyen des exemples.

3) Il est bon, quand on peut le faire, de donner à la Fugue une partie de plus qu'elle n'a de thèmes ; par exemple, quand elle est à trois sujets, il est bon qu'elle soit à quatre parties, et ainsi de suite. L'avantage de cette voix de plus se manifestera à tout instant dans le cours de la Fugue, tant pour le repos alternatif des parties, que pour le renversement des sujets et pour l'entretien de l'harmonie en général.

4) Il est libre, en commençant la Fugue, d'accompagner tout d'abord le sujet de son contre-sujet, ou d'attendre, pour l'entrée de celui-ci, que le chant de l'autre soit fini, c'est la même chose. On en peut encore user comme de la simple Fugue, en travaillant d'abord le premier sujet pendant quelque temps, avant que d'introduire le second ; et ce second sujet peut également être travaillé pendant quelque temps, avant que de les joindre l'un à l'autre. Cela dépend de la longueur ou de la briéveté que la Fugue doit avoir.

5) Les entrées de la double Fugue faites, on est libre de recommencer la prise par le sujet ou par le contre-sujet.

6) Il n'est pas nécessaire que le sujet et le contre-sujet s'accompagnent toujours ; on peut quitter l'un ou l'autre pour quelque temps, et travailler l'un séparément, avant que de les reprendre ensemble.

I I I.

*Règles et Observations sur le Contrepoint dont on accompagne le sujet
ou sa réponse dans les différentes répercussions de la Fugue.*

§. I.er

Ce Contrepoint de remplissage sert de suite au chant du thème. Quand la
deuxième voix imite ces notes de remplissage de la première partie, pendant
que la troisième reprend le sujet, et lorsque la troisième en fait autant quand
la quatrième voix paroît, c'est alors que ce Contrepoint de remplissage sert de
nouveau sujet, et que se forme par conséquent une double Fugue qu'il faut
avoir soin de cultiver. Dans la simple Fugue, les voix suivantes n'imitent pas
le chant de remplissage des précédentes. On peut diversifier ce chant toutes
les fois que la Fugue se reprend ; mais, pour ne pas extravaguer, on fera bien
de se proposer toujours telle ou telle espèce de simple Contrepoint, pour régler
là-dessus la manière de ce chant : c'est le moyen d'être sûr de son fait. Dans
des Fugues à plusieurs sujets, il y a moins de difficulté à cet égard, les différens sujets s'entre-servant de remplissage l'un à l'autre.

§. I I.

Plus il y a de parties, moins le Contrepoint de remplissage doit être bigarré ;
mais il ne faut pas non plus qu'il ressemble à un accompagnement de clavecin.
Ce n'est pas telle ou telle partie seule qui doit avoir du mouvement. Ce mouvement perpétuel, que la Fugue doit avoir, doit être alternatif entre les parties ;
c'est tantôt l'une, tantôt l'autre, qui tient ferme quand celle-ci marche, et
ainsi réciproquement. C'est par ce mouvement bien ménagé, qu'on reconnoît
d'abord l'adresse d'un compositeur, et on peut conclure hardiment que célui-
là qui ne le fait pas observer, et qui plaque les harmonies comme s'il accom-
pagnoit du clavecin, n'entend pas son métier. Il y a, au reste, deux moyens
d'entretenir toujours le mouvement des parties :

1) La *Syncope*, et
2) La *Supposition*.

Mais il faut que la syncope soit *régulière*, c'est-à-dire, que les deux notes
qui la composent soient *liées*, et non pas simplement répétées par mouvement
parallèle, cette dernière espèce de syncope ne convenant nullement à la Fugue,
quoiqu'elle puisse être d'un très-bon usage dans d'autres pièces de musique.
A l'égard de la *supposition*, comme ce terme n'est peut-être pas connu de tout

le

le monde, ou que plusieurs n'en ont pas une idée juste, je m'en vais expliquer ce que c'est. La *supposition* consiste à entrelacer les notes essentielles du chant par des notes accidentelles.

Toute note qui est comprise dans l'harmonie de la Basse est *essentielle*.

Toute note qui n'est pas comprise dans l'harmonie de la Basse n'est qu'*accidentelle*.

Cette supposion est ou *régulière* ou *irrégulière*.

Régulière, quand la note essentielle précède la note accidentelle.

Irrégulière, quand la note accidentelle précède la note essentielle.

Exemples de suppositions régulieres.

	(a)	(b)		(a)	(b)	
Dessus :	sol — fa				mi — re		ut.
Basse :	ut	-			ut	-		ut.

Autre.

Dessus :	sol	-		sol	-		sol.

	(a)	(b)		(a)	(b)	
Basse :	ut — re			mi — fa		sol.

Au premier exemple, la supposition est au Dessus, au second, elle est à la Basse. Pendant que l'une de ces parties se meut par deux croches, l'autre tient ferme sur sa noire. La première de ces croches, marquée de la lettre (a), contient la note essentielle du chant; et la seconde, marquée de la lettre (b), en contient l'accidentelle. Comme les notes accidentelles sont toujours précédées des notes essentielles, la supposition est donc régulière.

Exemples de suppositions irrégulieres.

	(a)	(b)		(a)	(b)
Dessus :	fa—mi			re —ut.	
Basse :	mi	-		mi	-

Autre.

Dessus :	la	-		re	-

	(a)	(b)		(a)	(b)
Basse :	sol — fa			mi — re.	

Traité de la Fugue. I.ʳᵉ Part.

11

C'est de la lettre (*b*) que les notes essentielles sont marquées ici, comme les accidentelles le sont de la lettre (*a*). Ces notes accidentelles précèdent les essentielles, il en résulte une supposition irrégulière. Toutes les deux espèces de supposition sont bonnes dans une Fugue, comme dans toute autre composition.

§. I I I.

Les intervalles des parties ne devant être ni trop proches, ni trop éloignés les uns des autres, il faut toujours garder un milieu raisonnable entre ces deux extrémités ; mais c'est une affaire de composition dont nous supposons ici que les règles sont connues.

§. I V.

Il est aussi peu nécessaire que les entrées se fassent toujours sur une consonnance que sur une dissonance. Dès qu'on voit du jour pour prendre commodément la Fugue, il ne faut pas manquer de le faire, sans faire attention si l'harmonie est dissonante ou consonnante ; mais il est toujours certain que les entrées faites sur une tenue dissonante, surprennent davantage, et qu'elles sont par conséquent à préférer aux entrées consonnantes, quand il y a moyen de le faire.

§. V.

Les voix qui composent la Fugue devant toutes être obligées, tous ces passages à l'Unisson et à l'Octave, si fréquens dans les concertos, symphonies, etc., en sont exclus absolument. Pour les arpégemens et les batteries, on les abandonne aux Fugues à violon seul avec une Basse-Continue : ils ne valent rien ailleurs.

I V.

Règles et Observations sur le Contrepoint dont on entrelace la Fugue dans l'espace d'une répercussion à l'autre.

§. I.ᵉʳ

Ce Contrepoint de passage commence là où celui de remplissage finit, ou plutôt il ne fait que le continuer, et sa durée s'étend jusqu'au temps de la reprise de la Fugue par l'une des parties. Il doit donc avoir un rapport parfait au Contrepoint de remplissage ; d'où il s'ensuit que les arpégemens et les passages à l'Unisson et à l'Octave n'y peuvent trouver place.

§. I I.

Mais malgré ces passages de rapport, sur lesquels on peut établir le Contrepoint dont il s'agit ici, il vaut encore mieux le tirer du sujet même, en l'abrégeant et en le coupant en même temps, et jouer de ces portions détachées du sujet, jusqu'à ce qu'on trouve l'occasion d'introduire le sujet en entier, ce qui fera un effet charmant.

§. I I I.

Pour que le sujet puisse se faire entendre assez souvent, il ne faut pas que le Contrepoint de passage soit trop long.

§. I V.

Il n'est pas nécessaire que toutes les voix participent toujours à ce Contrepoint : on y peut faire taire la partie qui doit ensuite prendre la Fugue.

§. V.

Toutes les Fugues finissent ou par le thème même ou par une harmonie de rapport ; il y a des exemples de l'une et de l'autre manière : la première cependant est meilleure, et par conséquent à préférer quand les circonstances le permettent. De quelque manière que l'on finisse, il faut que toutes les parties se rejoignent sur la fin et qu'elles terminent la pièce ensemble.

V.

Exemples de Fugue pour servir d'éclaircissement aux règles et observations précédentes.

PREMIER EXEMPLE.

C'est une simple Fugue à quatre parties. On la voit à la table XXXIV. Avant que d'en faire l'analyse, il est à remarquer que, suivant la manière des anciens encore imitée dans le style *alla Capella* de plusieurs compositeurs, le sujet n'y est travaillé que dans l'Octave de la tonique et dans celle de la dominante. Il y a sept répercussions à remarquer dans cette Fugue.

La premiere répercussion s'étend de la première à la neuvième mesure.

La seconde répercussion commence au lever de la neuvième mesure, et va jusqu'à la vingtième. Les entrées se font dans le même ordre que ci-devant, avec cette différence cependant, que les parties qui avoient le sujet, ont à présent la réponse, et ainsi réciproquement.

La marque (*) sert à désigner les petites imitations dont le tissu d'harmonie est entrelacé.

La troisième répercussion commence au lever de la vingtième mesure, et va jusqu'à la vingt–septième. Les entrées se font d'une autre manière qu'auparavant, tant au sujet de l'ordre des parties, qu'au sujet des intervalles dont l'une imite l'autre ; elles finissent par une cadence en *si b-mol.*

La quatrième répercussion s'étend de la vingt-septième à la trente-quatrième mesure. Le sujet et sa réponse s'entre-suivent au moyen de l'imitation étroite, après quoi les parties continuent à travailler entre elles une portion du thème, jusqu'à la cadence qui finit cette répercussion.

La cinquième répercussion commence au lever de la trente-quatrième mesure, et finit à la trente-septième. La Haute-Contre et la Basse prennent le sujet, à-la-fois, à la Tierce ; le Dessus et la Taille y répliquent de la même manière.

La sixième répercussion va de la trente-septième mesure jusqu'à la quarante-quatrième. La Haute-Contre et la Taille prennent, tout-à-la-fois, le sujet à la Tierce, après quoi la Fugue continue par une harmonie relative au sujet.

La septieme répercussion s'étend de la quarante-quatrième mesure jusqu'à la fin. Le thème y étant encore rebattu de la manière précédente, la pièce finit.

S E C O N D E X E M P L E.

Tab. XXXV. Fig. 1. C'est le commencement d'une simple contre-Fugue. L'imitation renversée, dont la deuxième partie répond à la première, est libre.

T R O I S I È M E E X E M P L E.

Tab. XXXV. Fig. 2. Comme ci-devant.

Q U A T R I È M E E X E M P L E.

Tab. XXXV. Fig. 3. Comme ci-devant. Observez ici l'imitation étroite du sujet à la cinquième mesure.

C I N Q U I È M E E X E M P L E.

Tab. XXXV. Fig. 4. Exemple de contre-Fugue, où l'imitation renversée du sujet est contrainte, parce qu'elle imite ton pour ton et demi-ton pour demi-ton.

Il ne faut pas confondre la *Fugue convertible* avec la contre-Fugue dont je viens de donner des exemples. Par contre – Fugue, l'on n'entend autre chose
qu'une

qu'une Fugue où le sujet et sa réponse s'entre-suivent par un mouvement opposé. Par *Fugue convertible*, l'on entend une Fugue composée de façon qu'on en puisse renverser le mouvement dans toutes les parties d'un bout à l'autre. Nous en verrons des exemples dans la seconde partie de ce traité, au chapitre du double Contrepoint par mouvement contraire, qu'il est nécessaire de savoir pour donner dans cette sorte de composition.

SIXIÈME EXEMPLE.

Tab. XXXVI. Fig. 1. C'est le commencement d'une double Fugue à deux voix égales. Les chiffres (1) et (2) distinguent les deux sujets l'un de l'autre. Les imitations qui se trouvent de la première répercussion, laquelle finit par une cadence en *si majeur* à la seconde terminée par une cadence en *fa* mineur*, et de celle-ci à la digression dans le ton d'*ut* mineur*, se voient trop clairement, pour avoir besoin d'explication. Le renversement des deux sujets est fondé sur le double Contrepoint à l'Octave.

SEPTIÈME EXEMPLE.

Tab. XXXVI. Fig. 2. Autre exemple d'une double Fugue à deux voix égales. Les sujets se renversent comme ci-devant.

HUITIÈME EXEMPLE.

Tab. XXXVI. Fig. 3. Comme précédemment.

NEUVIÈME EXEMPLE.

Tab. XXXVII. Fig. 1. C'est une double Fugue à deux voix inégales. Le Contrepoint à l'Octave, sur lequel les deux sujets sont composés, les cadences rompues, au moyen desquelles se font plusieurs rentrées, et les imitations relatives au sujet, sont ce qu'il faut examiner ici.

DIXIÈME EXEMPLE.

Tab. XXXVII. Fig. 2. C'est le commencement d'une double Fugue à deux voix inégales, où le premier sujet est traité, pendant quelque temps, avant que le second y paroisse, lequel, de même que le premier, est travaillé seul pendant quelques mesures, avant qu'ils se joignent ensemble. Le renversement des sujets se fait à l'Octave.

Traité de la Fugue. Ire Part.   12

O N Z I È M E E X E M P L E.

Tab. XXXVIII. Fig. 1. Les deux sujets se renversent à l'Octave. Dans la douzième mesure, on observe les deux rentrées du sujet par imitation étroite. A la fig. 2 de cette table, on trouve deux canons composés sur le premier sujet ; le premier canon est à trois parties et à contre-temps ; le second est à deux parties : le commencement de l'un et de l'autre est désigné par cette marque*. Les imitations canoniques finies, la Fugue reprend son cours comme auparavant.

D O U Z I È M E E X E M P L E.

Tab. XXXIX. On voit aux figures 1 et 2, deux sujets que l'auteur a d'abord traités chacun séparément, avant que de les prendre ensemble. Après l'étroite imitation dont l'un et l'autre sont travaillés dans les figures 1 et 2, c'est à la fig. 3 qu'il se présente une imitation étroite et canonique du second sujet seul, produit à la Tierce par deux parties à-la-fois. A la figure 4, les deux thèmes s'unissent : c'est la même chose à la figure 5, avec cette différence, que le premier sujet est ici précédé du second. Les petites marques au-dessus des thèmes désignent le renversement des parties, établi ici sur le Contrepoint à la Douzième. A la figure 6, les parties travaillent, tour-à-tour, les sujets à la Tierce.

T R E I Z I È M E E X E M P L E.

Tab. XL. Fig. 1. C'est le commencement d'une double Fugue à quatre parties. Les deux sujets se suivent immédiatement l'un après l'autre dans la voix commençante. A la figure 2, où il se joignent, il faut remarquer la double reproduction du premier sujet, par le moyen des Sixtes. A la figure 3, se fait la même chose, quoique par des Tierces, et cela avec tous les deux sujets.

Au chapitre du double Contrepoint, on apprendra la manière de faire aller les parties par Tierces, Dixièmes ou Sixtes.

Q U A T O R Z I È M E E X E M P L E.

Tab. XXXV. Fig. 5. C'est le commencement d'une double Contre-Fugue. Les sujets y étant distingués les uns des autres par des chiffres, et le mouvement opposé par lequel les entrées se font, sautant de lui-même aux yeux, il n'est pas nécessaire d'en dire davantage.

Tab. XLI. C'est une double Fugue à trois parties, dont les sujets marqués par (1) et (2) se renversent à l'Octave. Après le Contrepoint de passage, qu'on remarque à la lettre (e), et qui est tiré du premier sujet employé par mouvement contraire, la troisième voix entre à la lettre (f), en prenant le premier sujet. Cette répercussion finie, les parties forment à (g) (h) et (i) une imitation, marquée comme de coutume. A (k), on remarque à la Basse la rentrée du premier sujet, imité par le Dessus à contre-temps et par mouvement contraire ; mais le sujet y est abrégé, et ce n'est qu'au lever de la mesure que le Dessus le prend dans le vrai mouvement, pour le faire entendre en entier. Après un Contrepoint de passage, relatif au premier sujet et à l'imitation précédente de (g) (h) (i), c'est à (o) que la partie du milieu et celle d'en haut, en prenant le premier sujet, s'entre-suivent par imitation canonique, à la distance d'une noire l'une après l'autre. A (r), la partie du milieu reprend ce premier sujet par mouvement contraire, et la Basse y répond, par le même mouvement à contre-temps, par imitation étroite et canonique. A (t) (u) et (v), aux marques accoutumées, on observe une imitation des parties, relative au chant initial du sujet, et suivie d'autres harmonies de rapport jusqu'à (z), où l'on observe les différentes rentrées du premier sujet par mouvement semblable et contraire.

Tab. XLII. C'est une double Fugue à trois parties, pour deux violons et une basse. Les deux sujets, désignés par les chiffres 1) et 2), se rapportent au Contrepoint à l'Octave. *La premiere entrée* finit à (k) ; l'harmonie du passage dont elle est suivie, détournant la modulation vers le ton de *fa*, c'est à (o) que les sujets se transposent sur d'autres cordes en rentrant. Cette *seconde répercussion* finit à (u). Un Contrepoint de passage qui suit, change la modulation de l'harmonie, pour commencer par-là la *troisième répercussion*, ce qui se fait à (w) et (x). A (dd), il se commence une *quatrième répercussion*, laquelle étant finie à (hh), c'est à la même lettre que *la cinquième* paroît ; celle-ci se terminant par une cadence à (oo), fait jour à un Contrepoint de passage qui finit à (uu), où *la sixième* et *dernière répercussion* commence, et c'est par-là que la pièce finit. Dans tous les Contrepoints de passage de cette Fugue, il faut faire attention aux imitations qui y ont lieu et au chant des notes dont quelques-unes se rapportent toujours au sujet.

C'est une double Fugue à deux parties, dont les sujets se renversent à l'Octave, à la Onzième et à la Douzième. Elle se trouve *aux planches de la seconde partie* à la table LVI.

(*a*) Premier sujet.

(*b*) Reprise du premier sujet.

(*c*) Second sujet qui entre.

(*d*) (*e*) Contrepoint de passage.

(*f*) (*g*) Continuation de ce Contrepoint par un canon à l'Octave, dont le chant se rapporte au premier sujet.

(*h*) (*i*) Transposition du canon précédent dans un autre ton.

(*k*) (*l*) Rentrée des deux sujets.

(*m*) (*n*) Comme le précédent, excepté que les sujets sont ici renversés à l'Octave.

(*o*) (*p*) Canon à la Quinte inférieure, tiré de la mélodie des deux sujets, et servant de Contrepoint de passage.

(*q*) (*r*) Renversement à l'Octave du Contrepoint de passage, observé ci-devant à (*d*) et (*e*).

(*s*) (*t*) (*u*) (*v*) Reprise du canon de (*f*) (*g*) (*h*) (*i*) par d'autres tons, et par renversement à l'Octave.

(*w*) (*x*) Rentrée du premier sujet qui, au lieu de son contre-sujet, s'accompagne du Contrepoint de passage remarqué à (*e*).

(*y*) (*z*) Imitation étroite du premier sujet à contre-temps ; mais comme l'harmonie ne permet pas de suivre le sujet note à note, le Dessus passe une croche, et c'est ce qui sert à rapprocher encore plus étroitement les parties, comme l'on voit à (*bb*) et (*aa*).

(*cc*) (*dd*) Les doubles croches, par lesquelles le chant du premier sujet finit à (*dd*) dans la Basse, se font entendre d'avance à (*cc*) dans le Dessus, quoique par mouvement opposé ; mais le chant chromatique de la Basse à (*cc*), s'imite dans le Dessus à la Quinte à (*dd*).

(*ee*) (*ff*) Rentrée du contre-sujet, qui, à la place du sujet principal, s'accompagne du Contrepoint de passage remarqué à (*e*).

(*gg*) (*hh*) Comme à (*ee*) et (*ff*), avec cette différence, que les parties y sont renversées suivant le Contrepoint à la onzième.

(*ii*) (*kk*) Les deux sujets se rejoignent.

(*ll*) (*mm*) Comme à (*ii*) et (*kk*), avec cette différence, que les sujets y sont renversés par le Contrepoint à la douzième.

(*nn*) (*oo*)

(*nn*) (*oo*) Les deux thèmes paroissent encore une fois ensemble.

(*pp*) (*qq*) Imitation canonique, étroite et à contre-temps, tiré du premier sujet.

(*rr*) (*ss*) Comme précédemment, excepté que les sujets se renversent à l'Octave.

(*tt*) (*uu*) Canon tiré du contre-sujet.

(*ww*) (*xx*) Renversement à l'Octave du canon précédent.

(*yy*) (*zz*) Portion du premier thème qui s'imite à l'étroite, et par où finit la Fugue.

Je finis ce Chapitre par quelques CANONS que je présente aux curieux pour les résoudre à loisir. Il les trouveront aux tables XLIII et XLIV. Si je n'ai pas marqué par où et comment on doit en commencer la prise, c'est que les personnes peu instruites ne m'auroient pas compris malgré ces avertissemens, et que je n'ai pas voulu priver celles qui sont plus habiles, du plaisir de la solution. Mais je me réserve de servir les premiers dans la seconde partie de cet ouvrage, où je traiterai à fond du Canon.

CHAPITRE V.

Du Contrepoint.

§. Ier

Le terme de *Contrepoint* tire son origine de la manière des anciens qui, avant l'invention des notes, se servoient de *points*, qu'ils mettoient l'un *contre* l'autre. L'usage de ce terme s'étant toujours maintenu dans la musique, on s'en sert encore aujourd'hui, soit pour désigner *en général* toute composition qui fait harmonie, soit pour marquer en particulier *un* ou *plusieurs chants composés sur un sujet donné.*

§. II.

Ce sujet, qu'on peut mettre également au Dessus, à la Haute-Contre, à la Taille et à la Basse, et qui, par conséquent, peut être aussi bien au-dessous du Contrepoint, tab. XLVI, fig. 1, 2, 3, qu'au-dessus, table XLV, fig. 1, 2, 10, se tire de l'imagination ou plain-chant, quand c'est dans une musique d'église. A la figure 5, table XLVIII, on voit un exemple de Contrepoint, où le sujet est à la Taille.

§. I I I.

Tout Contrepoint est ou *égal* ou *inégal.*

Egal, quand les notes du sujet et du Contrepoint sont de la même figure et valeur; par exemple, ronde contre ronde, blanche contre blanche, et ainsi de suite.

Inégal, quand les notes du sujet et du Contrepoint sont de différente figure et valeur; par exemple, deux blanches contre une ronde, quatre croches contre une blanche, et ainsi de suite.

Le *Contrepoint inégal* s'appelle aussi *Figuré* ou *Fleurtis*; quand le sujet en est produit d'imagination, et que le chant de ce sujet procède indifféremment par toutes sortes de notes, de même que celui du Contrepoint, on l'appelle *Contrepoint composé.*

§. I V.

A l'égard du mouvement des notes, le Contrepoint peut se faire ou *par degrés conjoints* (en Italien, *Contrapunto alla diritta*), tab. XLV, figure 1, ou *par degrés disjoints, (Contrapunto di salto)*. Fig. 2, *Frescobaldi* a composé une Fugue à quatre parties, où le chant va par degrés disjoints par toute la pièce. Voyez-en le commencement à la figure 3, table XLV; l'un et l'autre Contrepoints sont confondus dans le *Contrepoint de triple (Contrapunto in saltarello)*, qu'on nomme ainsi quand on emploie deux différentes espèces de mesure l'une contre l'autre. Tab. XLV, fig. 4, et table XLVI, fig. 2.

§. V.

Quel que soit le mouvement des notes, la syncope peut toujours y avoir lieu; de-là vient le *Contrepoint syncopé* ou *lié*, dont on voit des exemples à la table XLV, fig. 5, 6, 7, 8, et table XLVIII. fig. 3.

Quand les points, par lesquels la syncope se fait en quelques-uns de ces exemples, ne servent qu'à rendre les notes inégales sans contribuer à l'harmonie, comme à la figure 9, table XLV; c'est alors un *Contrepoint pointé.*

Quand dans le Contrepoint syncopé, les notes se suivent par-tout, de façon qu'il y en a toujours une ronde entre deux blanches, une blanche entre deux noires, et ainsi de suite, comme à la figure 7, 8, table XLV, on l'appelle *Contrepoint boiteux, (Contrapunto alla zoppa.)*

§. V I.

Ou l'on se propose un certain plan pour le tour et la manière du chant qui doit remplir le Contrepoint, ou l'on ne s'en propose point, laissant le cours à son imagination. Un Contrepoint de la dernière sorte s'appelle *Contrepoint libre* ou *mixte*, *(Contrapunto sciolto)*, et l'on en trouve un exemple à la table XLV, figure 10. Un Contrepoint de la première sorte s'appelle *Contrepoint obligé*, et peut se faire de deux façons :

1) *Ou par manière de Fugue, (Contrapunto fugato.)*

Tab. XLVI. Fig. 2. Le sujet est à la Basse et les deux parties supérieures forment une Fugue contre ce sujet.

Tab. XLVI. Fig. 3. Le sujet est à la Basse, et le Contrepoint que les trois voix supérieures contiennent, consiste dans une double Fugue.

Tab. XLVII. Fig. 1. C'est le sujet lui-même, travaillé par une Fugue à six parties. Remarquez dans la neuvième mesure l'imitation étroite entre le Dessus, la Taille et la Haute-Basse, qui prend le sujet par augmentation.

Tab. XLIX. Fig. 1. C'est une Fugue perpétuelle ou canon à l'Octave inférieure sur le commencement d'un noël.

Tab. XLIX. Fig. 2. Le sujet se voit dans la portée supérieure où il est travaillé par un canon à la Quarte inférieure entre les deux parties supérieures. Le Contrepoint, fait contre ce sujet, se trouve aux deux portées inférieures.

2) *Ou en assujettissant la manière du chant à un même mouvement, passage ou figure des notes.*

Les Italiens appellent un Contrepoint de la sorte, *Contrapunto perfidiato, ostinace, pertinace*, ou *d'un sol passo*, c'est-à-dire, *un Contrepoint obstiné ou d'un seul passage.* En voici des exemples :

Tab. XLVII. Fig. 2. C'est toujours le même passage qui revient, quoique transposé.

Tab. XLVIII. Fig. 1. Le passage, sur lequel le Contrepoint est établi, ne se travaille qu'à l'égard du rhythme, c'est-à-dire, à l'égard du nombre, de la figure et du mouvement des notes.

Fig. 2. Comme le précédent. Remarquez, à cette occasion, que tout *Double* d'un air, n'est qu'un Contrepoint de cette espèce.

Fig. 3. Le Contrepoint est au Dessus, et le rhythme en est partout le même.

Fig. 4. Contrepoint d'un seul passage, composé *d'une noire et de deux croches.*

Fig. 5. Le sujet est à la Taille. Ce sont les *trois croches initiales* du Contrepoint qui en règlent la suite.

Tab. XLIX. Fig. 3. Le sujet est au Dessus. Le plan du Contrepoint se développe tout d'abord par les trois doubles croches du début.

Fig. 4. Le sujet est au Dessus. Les cinq premières notes de la Basse servent de règle pour former le Contrepoint.

Tab. L. Fig. 1. Le sujet est au Dessus, et le rhythme, sur lequel le Contrepoint doit s'établir et qui est composé *de deux doubles croches, suivies d'une croche*, se trouve partagé entre la Basse et les deux parties du milieu. La Basse, prise seule, contient un Contrepoint d'un seul passage, qui ne fait que se transposer sur d'autres cordes de mesure en mesure.

Fig. 2. Le thème, par lequel la Fugue débute, sert ensuite de *canto fermo* (*), au Dessus où il se reproduit à chaque instant, et cela toujours sur les mêmes cordes, quoiqu'avec un peu de changement au sujet de la figure des notes.

§. V I I.

En quelque Contrepoint que ce soit, ou les parties peuvent s'y renverser ou elles ne le peuvent pas. *Renverser les parties*, c'est employer le Dessus à la Basse, et réciproquement employer la Basse au Dessus, et ce renversement sert, ou pour produire une autre harmonie, ou pour en changer seulement la face.

Quand le Contrepoint n'est pas composé de façon que le renversement des parties y puisse avoir lieu sans violer les règles de la bonne harmonie, on le nomme *simple Contrepoint*.

Quand le Contrepoint est composé de façon que les parties en peuvent être renversées sans faire tort à l'harmonie, cela s'appelle *double*, *triple* ou *quadruple Contrepoint*, suivant le nombre des parties qui le composent.

O B S E R V A T I O N S.

1) A la place du terme de *renversement*, on se sert souvent de celui d'*évolution*.

2) On retranche, quelquefois, le mot *double* de celui de Contrepoint, en y ajoutant l'intervalle par lequel se fait le renversement; par exemple, Contrepoint à l'Octave, à la Dixième, etc.

3) Sous le terme de *double Contrepoint*, on comprend pour l'ordinaire en même temps le *triple* et *quadruple Contrepoint*, généralement parlant.

(*) Voyez la Table Alphabétique.

4) Le

4) Le *double Contrepoint* se divise, *à l'égard du mouvement dans le Contrepoint*,

(1) Par *mouvement semblable*, quand chaque partie, en se renversant, conserve le mouvement de ses notes.

(2) Par *mouvement contraire*, quand les parties, en se renversant, changent de mouvement à l'égard des notes.

(3) Par *mouvement rétrograde*, quand les parties, en se renversant, prennent le chant à rebours.

(4) Par *mouvement rétrograde* et *contraire*, quand les parties, en se renversant, ne prennent pas seulement le chant à rebours, mais encore par mouvement contraire.

Ce n'est que du double Contrepoint, de la première sorte, que je me propose de traiter ici, réservant tout le reste pour la seconde partie de ce livre.

§. VIII.

Tout renversement ne pouvant se faire que de sept manières, il n'y a, par conséquent, que *sept espèces de double Contrepoint*, qui sont:

1) Le Contrepoint *à la Seconde ou Neuvième.*

2) — — — *à la Tierce ou Dixième.*

3) — — — *à la Quarte ou Onzième.*

4) — — — *à la Quinte ou Douzième.*

5) — — — *à la Sixte ou Treizième.*

6) — — — *à la Septième ou Quatorzième.*

7) — — — *à l'Octave ou Quinzième.*

OBSERVATION.

Les *intervalles composés* ne diffèrent *des simples* qu'à l'égard de la hauteur; et entre le renversement d'une partie à la Seconde et Neuvième, ou à la Tierce et Dixième, il n'y a d'autre différence, sinon que l'harmonie y change de lieu, sans changer de nature. C'est pourquoi l'on ne peut compter que pour un, le Contrepoint à la Seconde et celui à la Neuvième, et ainsi des autres; malgré ce que plusieurs auteurs enseignent du contraire à cet égard, l'expérience y contredit.

§. IX.

Avant que de traiter séparément de ces sept différentes espèces de double Contrepoint, il est nécessaire d'observer:

1) Que pour faire un double Contrepoint, il faut que les parties se distinguent l'une de l'autre, autant que faire se peut, par la valeur et

Traité de la Fugue. Ire Part. 14

figure des notes, de même que par le commencement et la fin, c'est-
à-dire, que le *Contrepoint doit être inégal.*

2) Qu'il ne faut pas, sans raison, faire croiser les parties, c'est-à-dire,
faire passer une partie au-dessus de l'autre.

3) Que dans tous les Contrepoints, excepté dans celui à l'Octave, il n'est
pas seulement permis, mais il est même souvent nécessaire d'altérer
par-ci par-là, la proportion des intervalles des parties renversées,
quand la modulation l'exige.

4) Que les règles qui vont suivre ne regardent le double Contrepoint,
qu'autant qu'il est à deux parties, et que, dès qu'on y en ajoute d'autres,
plusieurs de ces règles peuvent souffrir des exceptions.

A R T I C L E P R E M I E R.

Du double Contrepoint à l'Octave ou à la Quinzième.

§. Ier

Quand dans une composition à deux parties, le renversement de l'une se fait
contre l'autre à la distance d'une Octave ou Quinzième, c'est un *double Contrepoint à l'Octave ou Quinzième.*

E X E M P L E.

Tab. LI. Fig. 1. De ces trois parties, que l'on trouve réunies sous une seule
figure, il n'en faut envisager que deux à-la-fois, ou la partie du milieu avec
celle d'en haut, ou la partie d'en bas avec celle du milieu. En prenant les deux
parties supérieures pour le Contrepoint, les deux inférieures en font le renversement; et en prenant pour Contrepoint les deux parties inférieures, c'est
alors que les deux supérieures en contiennent le renversement.

*Il faut faire attention à cette circonstance pour tous les cas semblables qui
suivront.*

Fig. 2. Le renversement se fait à la Quinzième ou à la double Octave.

Fig. 3. Bon exemple pour une Fugue à la Seconde inférieure, ou Septième
supérieure.

Fig. 4. Exemple de Fugue à la Tierce inférieure ou Sixte supérieure.

Fig. 5. Exemple de Fugue à la Sixte inférieure ou Tierce supérieure.

Tab. LII. Fig. 1. Exemple de Fugue à la Septième supérieure ou Seconde
inférieure.

§. I I.

Pour apprendre à faire un Contrepoint à l'Octave, il faut savoir de quelle façon se changent les intervalles par le renversement des parties. Cela se peut faire au moyen de deux rangs de chiffres, dont ceux de la première ligne désignent les intervalles du Contrepoint, et ceux de la Seconde, les intervalles qui en proviennent par renversement, ainsi :

$$1 \quad 2 \quad 3 \quad 4 \quad 5 \quad 6 \quad 7 \quad 8$$
$$8 \quad 7 \quad 6 \quad 5 \quad 4 \quad 3 \quad 2 \quad 1$$

Il paroît par-là, que l'Unisson se change en Octave, la Seconde en Septième, la Tierce en Sixte, la Quarte en Quinte, et ainsi réciproquement. C'est ce changement qui donne lieu aux règles suivantes :

1) Que l'*Octave* et l'*Unisson* ne s'emploient guère, (comme ne faisant pas assez d'harmonie dans une composition à peu de parties), excepté
   a) Au commencement ou à la fin.
   b) Pour faire une syncope, table LII, fig. 2.
   c) Quand on ajoute des parties d'accompagnement à celles qui forment le Contrepoint.

2) Que la *Quinte*, parce qu'elle devient *Quarte*, ou ne peut être employée que par le moyen de la supposition, ou de la manière suivante :
   a) Quand elle est précédée sur la note fondamentale d'une Tierce, Sixte ou Octave, table, LII, fig. 3, 4, 5.
   b) Quand elle a servi de Tierce, Sixte ou Octave sur la note précédente, comme aux figures 6, 7, 8, 9, 10.

Mais dans les deux rencontres il faut, ou qu'elle demeure pour devenir Sixte, fig. 3, 4, 5, ou qu'elle descende d'un degré pour devenir Tierce, Triton ou Sixte, fig. 6, 7, 8, 9, 10; c'est donc à dire *que la Quinte doit être traitée en dissonance.*

§. I I I.

La règle, que les parties ne doivent s'éloigner de plus d'une Octave l'une de l'autre, est fondée sur ce que les intervalles qui excèdent les bornes de l'Octave, ne se changent point, c'est-à-dire, que la Tierce reste Tierce, la Sixte, Sixte, et ainsi des autres, et que, par conséquent, l'harmonie reste toujours la même, comme l'on peut voir à la mesure troisième et suivantes de la figure 11, table LII. C'est donc pour cette raison, qu'en excédant l'étendue de l'Octave, si le cas l'exige, il faut que le renversement se fasse, non

pas à la simple Octave, mais à la double; au moyen de quoi l'on peut rectifier
l'exemple précédent, comme on le voit à la figure 12, table LII.

Encore une observation qui regarde la *Neuvième*, laquelle ne pouvant
être sauvée comme telle, doit toujours être traitée comme *Seconde*, quand
on passe au-delà des limites de l'Octave.

§. I V.

1) Quand on ne se sert que de la *Tierce*, *Octave* et *Sixte*, en évitant
   toute dissonance, à moins qu'on ne la passe par le moyen de la supposition.
2) Qu'on évite de faire deux Tierces ou Sixtes de suite.
3) Et que l'on n'emploie que le mouvement contraire et parallèle : c'est
   alors qu'on peut mettre le Contrepoint à l'Octave, non-seulement
   à trois, mais même *à quatre parties, en augmentant l'une ou toutes
   les deux d'une partie à la Tierce supérieure.*

PREMIER EXEMPLE.

Voyez la table LII, figure 13, pour le Contrepoint. A la table LIII, figure 1,
on le voit à quatre parties; et à la figure 9, on en trouve le renversement.
Pour le pratiquer à trois, on n'a qu'à en ôter telle de ces parties ajoutées que
l'on voudra. Aux figures 2, 3, 4, 5, 6, 7 et 8, on voit les Tierces du
Quatuor changées en Sixtes et en Dixièmes : ce même changement peut se
pratiquer en renversant le Quatuor. Que l'on ne s'étonne pas de voir plusieurs
de ces exemples commencer ou finir par l'accord de la Sixte. Il s'agit ici, non
pas de finir ou de commencer, mais d'un moyen de varier les faces de l'harmonie;
et quant à la manière de s'en servir, nous nous en rapportons aux exemples
que nous en avons vus au chapitre précédent.

DEUXIÈME EXEMPLE.

Tab. LII. Fig. 14. C'est une imitation à contre-temps et par mouvement
contraire, établi sur le Contrepoint à l'Octave. A la figure 10, table LIII, on
voit cet exemple changé en Quatuor.

§. V.

Pour se mettre au fait de la manière d'ajouter des parties de remplissage
ou d'accompagnement à celles qui forment le Contrepoint, il faut faire attention aux exemples des figures 11 et 12, table LIII. C'est la Basse qui sert
d'accompagnement

d'accompagnement à la figure 11 ; mais à la figure 12, les deux voix extrêmes forment le Contrepoint, et le remplissage se trouve dans les deux parties moyennes.

ARTICLE II.

Du double Contrepoint à la Neuvième ou à la Seconde.

§. I.er

Quand, dans une composition à deux parties, le renversement de l'une se fait contre l'autre à la distance d'une Neuvième ou Seconde, c'est un *double Contrepoint à la Neuvième ou Seconde.*

PREMIER EXEMPLE.

Tab. LIV. Fig. 1, 2, 3 et 4. Aux fig. 1 et 2, c'est la partie supérieure qui descend de Neuvième ou de Seconde pour se renverser; et aux fig. 3 et 4, c'est la partie inférieure qui monte de Seconde ou de Neuvième pour se renverser. Remarquez bien que, conformément à la fig. 1, je nomme partie supérieure celle qui commence par la note de *la*, et inférieure celle qui commence par la note de *re*. Voilà donc une expérience propre à réfuter ceux qui regardent le Contrepoint à la Neuvième ou Seconde, comme deux Contrepoints différens : à cet égard, il en est de ce Contrepoint comme de tous les autres. Encore une observation, c'est que toute partie supérieure pouvant aussi bien descendre, que toute inférieure peut monter pour se renverser, pendant que l'autre, ou tient ferme ou ne change simplement que d'Octave, on gagne par-là deux sortes de renversemens, qui ne diffèrent cependant l'un de l'autre qu'à l'égard du ton, comme l'on peut voir en confrontant la fig. 2 avec la quatrième, ou la fig. 3, avec la première. Ce qui se dit ici du Contrepoint à la Neuvième, doit aussi s'entendre de tous les autres Contrepoints.

SECOND, TROISIÈME ET QUATRIÈME EXEMPLES.

Voyez la Tab. LIV. Fig. 5, 6 et 7.

CINQUIÈME EXEMPLE.

Tab. LIV. Fig. 8. La portée supérieure contient le double Contrepoint, et on trouve à l'inférieure une Basse qui lui sert d'accompagnement. A la suite de cet exemple, à la même figure, on le voit renversé entre les deux parties

Traité de la Fugue. I.re Part. 15

extrêmes, celle du milieu ne servant que de remplissage. Les deux transpositions du renversement se trouvent à la fig. 9.

S I X I È M E   E X E M P L E.

Tab. LIV. Fig. 10. Le Contrepoint est aux deux parties extrêmes, et celle du milieu ne leur sert que d'accompagnement. Le renversement et sa transposition se trouvent immédiatement après.

S E P T I È M E   E X E M P L E.

Tab. LV. Fig. 1. Comme le précédent.

H U I T I È M E   E X E M P L E.

Tab. LV. Fig. 2. C'est un canon perpétuel entre les deux voix extrêmes. La partie du milieu est une partie accessoire, relative à la supérieure.

§. I I.

Le changement des intervalles, par le renversement des parties, se reconnoît par les chiffres suivans :

1 2 3 4 5 6 7 8 9.
9 8 7 6 5 4 3 2 1.

L'Unisson se change en Neuvième, la Seconde en Octave, et ainsi de suite. La *Quinte*, faisant ici l'intervalle principal, mérite aussi le plus d'attention, soit pour commencer ou finir, soit pour préparer et sauver, non-seulement les intervalles dissonans par eux-mêmes, mais encore ceux qui le deviennent par le renversement. Pour ne pas nous embarquer dans des règles spéciales à cet égard, comme trop prolixes et embarrassantes, je renvoie le lecteur aux exemples des fig. 1, 5, 6 et 7. Tab. LIV, où les chiffres, par lesquels la suite des intervalles est marquée, serviront à en faire connoître l'usage. La syncope de la Quarte, sauvée par la Tierce ; celle de la Septième, sauvée par la Sixte ; la supposition régulière et irrégulière ; l'addition d'une partie de remplissage : voilà les moyens propres à se faciliter la composition d'un Contrepoint à la Neuvième, lequel, dans une composition régulière, doit se renfermer dans l'étendue d'une Neuvième. Aux fig. 11 et 12, Tab. LIV, on voit *deux Tierces de suite*, qui se changent en *deux Septièmes*. La suite de ces dernières étant permise aujourd'hui, il n'y a rien à dire contre les deux Tierces.

ARTICLE III.

Du double Contrepoint à la Dixième ou à la Tierce.

§. I.er

Quand, dans une composition à deux parties, le renversement de l'une se fait contre l'autre à la distance d'une Dixième ou Tierce, cela s'appelle un *double Contrepoint à la Dixième ou Tierce.*

PREMIER EXEMPLE.

Tab. LV. Fig. 3, 4, 5, 6.

SECOND EXEMPLE.

Tab. LVI. Fig. 1. Les renversemens peuvent s'y faire à la manière de l'exemple précédent.

§. II.

Le changement des intervalles, par le renversement des parties, se voit par les chiffres suivans :

$$1 \quad 2 \quad 3 \quad 4 \quad 5 \quad 6 \quad 7 \quad 8 \quad 9 \quad 10.$$
$$10 \quad 9 \quad 8 \quad 7 \quad 6 \quad 5 \quad 4 \quad 3 \quad 2 \quad 1.$$

L'Unisson se change en Dixième, la Seconde en Neuvième, et ainsi de suite ; ce qui donne lieu aux règles suivantes :

1) Que l'on ne peut faire *deux Tierces* ou *deux Dixièmes de suite par mouvement semblable,* parce qu'il en résulte *deux Octaves* ou *deux Unissons consécutifs*, défendus dans la bonne harmonie.

2) Que l'on ne peut faire *deux Sixtes de suite par mouvement semblable*, parce qu'il en résulte *deux Quintes consécutives* défendues dans la bonne harmonie.

3) La *Quarte* et *la Septième* ne peuvent s'employer que de deux manières, ou par le moyen de la supposition, ou comme à la fig. 2, tab. LVI ; mais il est bon d'y ajouter une partie d'accompagnement comme à la fig. 3 à l'égard de la Quarte ; et c'est aussi de cette façon qu'on peut faire *deux Quartes ou Septièmes de suite,* comme à la fig. 6.

4) Qu'il faut sauver *la Neuvième*, ou par l'Octave ou par la Quinte. Tab. LVI. Fig. 4, 5.

§. I I I.

Pour faire d'un Contrepoint de la sorte un *Trio*, on y ajoute, ou une partie en haut à la distance d'une Dixième contre la Basse, ou une partie en bas à la distance d'une Dixième contre le Dessus. En se servant à-la-fois de ces parties accessoires, on en fait un *Quatuor*.

P.RÈMIER EXEMPLE.

Tab. LV. Fig. 3. Pour faire un Trio de l'exemple ci-dessus rapporté, on fait entendre à-la-fois le Contrepoint et son renversement. Pour renverser les parties de ce Trio, on augmente celle du milieu, ou par une partie à la Dixième supérieure, en retranchant alors la Basse, ou par une partie à la Dixième inférieure, en retranchant alors le Dessus ; c'est la même chose.

SECOND EXEMPLE.

Tab. LVI. Fig. 1. Comme le précédent.

TROISIÈME EXEMPLE.

Tab. LVI. Fig. 7, *à deux*. Fig. 8, *à trois*. Fig. 9, *à quatre*.

QUATRIÈME EXEMPLE.

Tab. LVI. Fig. 10. La portée supérieure contient le Contrepoint, et l'inférieure contient la partie accessoire, relative à la voix la plus haute. A la fig. 11, on y ajoute une quatrième partie.

CINQUIÈME EXEMPLE.

Tab. LVII. Fig. 1. Et pour le renversement, fig. 3. Aux fig. 2 et 5, on le voit à quatre ; là, par le moyen des Tierces, ici, par celui des Dixièmes. A la fig. 4, on en voit le renversement à quatre ; d'une autre manière aux fig. 6, 7, 8, 9, 10. Après le Contrepoint à l'Octave, c'est ce Contrepoint à la Dixième, qui vient d'être enseigné, avec celui à la Douzième, qui est le plus nécessaire et le plus utile dans la composition.

ARTICLE IV.

ARTICLE IV.

Du double Contrepoint à la Onzième ou à la Quarte.

§. I.er

Quand, dans une composition à deux parties, le renversement de l'une contre l'autre se fait à la distance d'une Onzième ou Quarte, cela s'appelle un *double Contrepoint à la Onzième ou à la Quarte.*

PREMIER EXEMPLE.

Tab. LVII. Fig. 11, 22 et 23.

SECOND EXEMPLE.

Tab. LVII. Fig. 12.

§. II.

Le changement des intervalles, par le renversement des parties, se voit par les chiffres suivans :

$$1 \quad 2 \quad 3 \quad 4 \quad 5 \quad 6 \quad 7 \quad 8 \quad 9 \quad 10 \quad 11.$$
$$11 \quad 10 \quad 9 \quad 8 \quad 7 \quad 6 \quad 5 \quad 4 \quad 3 \quad 2 \quad 1.$$

L'Unisson se change en Onzième, la Seconde en Dixième, et ainsi de suite. La *Sixte* faisant ici l'intervalle principal, ce n'est que par elle que l'on peut finir ou commencer, et c'est par elle qu'il faut préparer et sauver, non-seulement les dissonances, mais encore les consonnances qui se changent en dissonances en se renversant, comme l'on peut voir tab. 57, fig. 13, 14, 15, 16, 17, 18, 19, 20 et 21. L'intervalle de la Onzième sert de borne à ce Contrepoint.

ARTICLE V.

Du double Contrepoint à la Douzième ou à la Quinte.

§. I.er

Quand, dans une composition à deux parties, le renversement de l'une contre l'autre se fait à la distance d'une Douzième ou Quinte, cela s'appelle un *double Contrepoint à la Douzième ou à la Quinte.*

Traité de la Fugue. I.re Part.   16

P R E M I E R E X E M P L E.

Tab. LVIII. Fig. 1, 2, 3, 4.

S E C O N D E X E M P L E.

Tab. LVIII. Fig. 5. Les renversemens peuvent se faire à la manière de l'exemple précédent.

§. I I.

Le changement des intervalles, par le renversement des parties, se voit par les chiffres suivans :

1   2   3   4   5   6   7   8   9   10   11   12.

12   11   10   9   8   7   6   5   4   3   2   1.

L'Unisson se change en Douzième, la Seconde en Onzième, et ainsi de suite ; ce qui produit les règles suivantes :

1) Que la *Sixte*, parce qu'elle devient Septième, doit être préparée, soit par en haut ou par en bas, et la Basse doit ensuite descendre d'un degré. Tab. LVIII. Fig. 7, 8, 9, 10, 11. *Item*, Tab. LIX. Fig. 1. Remarquez les *deux Sixtes de suite* aux fig. 12 et 13 de la table LVIII.

2) Que la *Neuvième* ne doit être traitée que comme Seconde, à moins qu'on ne la sauve par la Septième, comme à la fig. 2. Tab. LIX.

C'est l'intervalle de la Douzième qui sert de limite à ce Contrepoint, le plus nécessaire et le plus utile, avec celui à la Dixième, après le Contrepoint à l'Octave.

§. I I I.

Quand on n'emploie que le mouvement parallèle et contraire, et qu'on évite les dissonances, le Contrepoint à la Douzième peut être mis *à quatre*, par l'addition d'une partie à la distance d'une Tierce au-dessous de la supérieure, et d'une autre à la même distance au-dessus de l'inférieure. Pour en faire un *Trio*, on en ôte une de ces parties accessoires.

P R E M I E R E X E M P L E.

Le Contrepoint, avec son renversement, se voit à la fig. 3, tab. LIX, et le Quatuor avec son renversement à la fig. 5.

SECOND EXEMPLE.

Le Contrepoint, avec son renversement, se trouve à la tab. **LIX**, fig. 4 ; et le Quatuor, avec son renversement, à la fig. 6, *item*, fig. 7, 8, 9 et 10.

TROISIÈME EXEMPLE.

C'est un canon perpétuel qui se voit, de même que son renversement, à la fig. 11, tab. **LIX**.

ARTICLE VI.

Du double Contrepoint à la Treizième ou à la Sixte.

§. I.er

Quand, dans une composition à deux parties, le renversement de l'une contre l'autre se fait à la distance d'une Treizième ou Sixte, cela s'appelle un *double Contrepoint à la Treizième ou à la Sixte.*

EXEMPLE.

Tab. **LIX**. Fig. 12, et tab. **LX**. fig. 23.

§. II.

Le changement des intervalles, par le renversement des parties, se voit par les chiffres suivans :

1   2   3   4   5   6   7   8   9   10   11   12   13.

13   12   11   10   9   8   7   6   5   4   3   2   1.

La Treizième se change en Unisson, la Seconde en Douzième, et ainsi de suite : la *Sixte* et *l'Octave* sont ici les principaux intervalles. Voici les règles les plus nécessaires pour faire un Contrepoint à la Treizième :

1) On ne doit pas faire *deux Sixtes de suite par un mouvemeut semblable*, parce qu'elles deviennent autant d'Octaves consécutives par renversement.

2) La *Septième* ne pouvant pas régulièrement être sauvée, ce n'est que par le moyen de la supposition qu'on peut la passer.

3) La *Seconde, Tierce, Quarte, Quinte* et *Neuvième*, doivent se préparer par la Sixte ou par l'Octave, soit par en bas, soit par en haut, et se sauver ensuite par un de ces intervalles. Voyez la tab. **LX**, fig. 1, 2, 3, 4, 5, 6, 7, 8, 9, 10, 11 et 25.

L'intervalle de la Treizième sert de borne à ce Contrepoint.

A R T I C L E V I I.

Du double Contrepoint à la Quatorzième ou à la Septième.

§. I.ᵉʳ

Quand, dans une composition à deux parties, le renversement de l'une contre l'autre se fait à la distance d'une Quatorzième ou Septième, c'est alors un *double Contrepoint à la quatorzième ou à la Septième.*

E X E M P L E.

Tab. LX. Fig. 12 et 24.

§. I I.

Le changement des intervalles, par le renversement des parties, se voit par les chiffres suivans :

1	2	3	4	5	6	7	8	9	10	11	12	13	14.
14	13	12	11	10	9	8	7	6	5	4	3	2	1.

L'Unisson se change en Quatorzième, la Seconde en Treizième, et ainsi de suite : la *Tierce* et la *Quinte* sont ici les intervalles principaux. Les règles de ce Contrepoint sont :

1) Qu'il faut éviter de faire *deux Tierces de suite par mouvement semblable,* parce qu'elles produisent deux Quintes consécutives, défendues dans la bonne harmonie.

2) Que toute dissonance, de même que l'Octave et la Sixte, qui deviennent des dissonances en se renversant, doivent se préparer et se sauver ou par la Tierce ou par la Quinte. Voyez la tab. LX, fig. 13, 14, 15, 16, 17, 18, 19, 20, 21, 22, 26 et 27, pour leur usage.

L'intervalle de la Quatorzième sert de borne à ce Contrepoint.

F I N D E L A P R E M I È R E P A R T I E.

TRAITÉ DE LA FUGUE

ET

DU CONTREPOINT.

SECONDE PARTIE.

HISTOIRE ABRÉGÉE

D U

CONTREPOINT ET DE LA FUGUE.

§. I.er

QUOI QU'ON en dise, il n'est pas vraisemblable que l'harmonie ait été inconnue aux Anciens. Tous les hommes ont du penchant pour l'harmonie; et les intervalles d'Octave, de Quinte et de Tierce ne nous sont pas moins naturels que les sept degrés successifs de la voix. Il arrive tous les jours que deux personnes qui n'ont jamais appris la musique, chantent ensemble à la Tierce, et qu'elles changent la Tierce en Quinte ou en Octave dans de certaines chûtes du chant. Ces personnes ont bien pu retenir l'air d'une chanson; mais qui leur a appris à y faire une Basse? la chanson étoit faite sans Basse, et elles ne l'ont jamais entendu chanter en parties. Ces racleurs de guitare qui rodent le pays, ne connoissent pas surement ni l'accord parfait, ni aucun de ses dérivés, et cependant ils s'en servent en accompagnant ce qu'ils chantent; sans parler de beaucoup d'autres expériences qui fortifient ce que j'avance.

§. I I.

La nature opère assurément aujourd'hui de la même manière qu'elle opéroit il y a deux ou trois mille ans. Or, si elle se manifestoit de cette façon à des gens qui n'avoient pas étudié la musique, est-il raisonnable de croire qu'elle ne se soit encore plus manifestée à ceux qui en faisoient leur métier, à des musiciens philosophes, à un *Pythagore*, à un *Aristoxène*, et à tant d'autres qui se faisoient une étude d'approfondir la nature de la Musique?

§. I I I.

Toutes les histoires sont pleines des effets de la Musique ancienne. Je veux croire qu'il s'y trouve aussi beaucoup d'exagération. Dans ces premiers temps , les qualités de musicien et de poète étoient réunies dans une même personne. Le poète vantoit les exploits du musicien : et qui auroit osé contredire le poète ? Les fables à part, il est constant que la musique des Grecs a puissamment agi sur l'esprit de ses auditeurs , et que conséquemment elle doit avoir été fort belle. Mais peut-on s'imaginer que les Grecs aient atteint ce but sans le secours de l'harmonie , et que leur musique n'ait été que monodique , en ne chantant et ne jouant toujours qu'à l'Unisson ou à l'Octave ? Que l'on élève la mélodie tant qu'on voudra , si elle suffisoit seule pour exciter toutes sortes de mouvemens dans l'ame ou pour réjouir l'oreille, pourquoi ceux qui jouent du violon, de la flûte , ou de tout autre instrument, jouent-ils rarement seuls et sans accompagnement? A quoi sert donc un orchestre à l'Opéra?

§. I V.

Tout ce que nous pouvons croire au désavantage des anciens , c'est que l'usage de la supposition leur étoit peut - être inconnu , et qu'ils ne pratiquoient pas la suspension des harmonies, c'est-à-dire , qu'ils ne se servoient que du Contrepoint égal, et qu'ils n'employoient que des consonnances. Peut-être les pièces imitatives leur étoient-elles encore inconnues, de même que le renversement des harmonies ; mais aussi voilà tout.

§. V.

En effet, s'ils n'avoient point eu connoissance de l'harmonie, et qu'ils ne l'eussent point pratiquée, pourquoi donc leurs écrivains nous parlent-ils de *symphonia discors* , de *chorus qui multorum vocibus constat, etc.*, endroits assez connus et cités de tous ceux qui ont écrit sur la musique des Anciens ?

§. VI.

§. V I.

On ne doit donc assurément aux siècles modernes que la perfection de l'art de composer à plusieurs parties, l'introduction des dissonances et celle du contrepoint inégal, l'invention de la Fugue, et le renversement des harmonies suivant les différentes espèces du double Contrepoint.

§. V I I.

On ne sait pas précisément en quel temps ni par qui toutes ces choses ont été inventées. *Dunstan*, archevêque de Cantorbery, qui vivoit dans le dixième siècle, a toujours eu l'honneur d'avoir commencé, ainsi que d'avoir frayé le chemin aux autres. Il rédigea en ordre les règles de la *composition à quatre parties*, et par-là donna une nouvelle époque à la musique, dont *Guy Aretin* (a) et *Jean de Muris* (b), ces fameux réformateurs de l'art, facilitèrent ensuite la connoissance, l'un par l'invention *des lignes*, et l'autre par l'innvetion *des notes*. Les premiers qui se distinguèrent dans l'art de composer à plusieurs parties suivant la méthode de Dunstan, furent *Guillaume Dufay*, *Caron*, *Conrad*, *Binchois* et *Busnoë*.

§. V I I I.

Mais l'art du Contrepoint étoit encore fort simple alors. Ce n'est que dans le *quinzième siècle* que l'on commença à l'orner et à le

---

(a) Moine bénédictin et directeur de la musique à Pomposa. Il vivoit dans le onzième siècle. C'est lui qui a introduit l'usage des six syllabes *ut re mi fa sol la*, tirées de la première strophe de l'hymne de St. Jean; et ce fut *Erycius Putéanus*, flamand, qui, au commencement du dix-septième siècle, y ajouta une septième syllabe nommée *bi*, afin de faciliter la manière de solfier. Voyez sa *Pallas modulata, sive septem discrimina vocum*, imprimée à Milan en 1599, et réimprimée en 1615 à Louvain, sous le titre de *Musathena*. La syllabe *si* dont on se sert si communément aujourd'hui, est de l'invention d'un maître à chanter de Paris, nommé *Métru*, lequel en augmenta la gamme environ l'an 1676, suivant l'Histoire de la musique par Bonnet.

(b) Docteur de Sorbonne et chanoine de Paris, qui vivoit dans le quatorzième siècle.

polir; et ceux qui y excellèrent le plus, furent, suivant *Prinz*, *Walther*, et d'autres Historiens de la Musique : 1) *Bernard*, Allemand de nation, et organiste à Venise, où il inventa *la Pédale* environ l'an 1470. 2) *Jacques Obrecht*, Flamand, qui, suivant Glarean, avoit tant de feu et d'imagination, qu'une nuit lui suffisoit pour composer la plus belle messe. 3) *Jean d'Ockenheim* ou *d'Okegam*, Flamand. Il a composé plusieurs motets pour neuf chœurs à 36 parties, et il excelloit dans toutes les espèces de Fugue. 4) *Jossien Desprez*, *Josquinus* ou *Jocodus Prætensis*, Flamand et élève d'Ockenheim. Il fut d'abord maître de chapelle à Cambray, et passa ensuite en cette qualité à la cour de *Louis XII*, roi de France, qui, pour lui marquer un jour sa satisfaction, lui promit une prébende, mais comme le roi tardoit à accomplir sa promesse, Jossien composa un motet qui commençoit par ces paroles : *Memor esto verbi tui.* Le roi ne s'étant pas d'abord aperçu de l'intention du musicien, celui-ci fit un second motet sur ce texte : *Portio mea non est in terra viventium.* Le roi en ayant compris le sens, tint parole à son maître de chapelle, et lui donna un beau bénéfice ; sur quoi Jossien composa un trosième motet sur ces paroles : *Bonitatem fecisti cum servo tuo.* On a dit de Jossien, qu'il étoit maître des notes, et qu'il en faisoit ce qu'il vouloit, mais que les autres musiciens en faisoient ce qu'ils pouvoient. Malgré son beau génie et son grand savoir, il ne se pressoit jamais en composant, revoyant toujours de temps en temps ses compositions, et ne les publiant qu'au bout de quelques années.

§. I X.

L'exemple des *Flamands*, qui jusqu'à la fin du quinzième siècle étoient presque les seuls qui excelloient dans la musique et sur-tout dans l'art de la Fugue, commençoit à influer sur les autres nations. Les *Français* furent les premiers à les imiter ; et ce ne fut que vers le milieu du seizième siècle que les *Italiens* les suivirent, mais avec tant d'émulation, que depuis ce temps-là ils l'ont presque toujours emporté sur les autres nations, pour le nombre des compositeurs habiles. L'*Allemagne* commença à-peu-près dans le même temps à produire de bons auteurs. Les autres nations s'y sont pris un peu plus tard. Voici les auteurs les plus connus du 16.me siècle. 1) *Jean Mouton*, Français, élève de Josquin ou Jossien, et maître de chapelle de François Ier On lui attribue l'invention de plusieurs figures de compostion. 2) *Adriano Willart* (*Vuillaerte*) de Brugges en Flandre, élève de Mouton, et maître de chapelle de la république de Venise. Il fit un voyage à Rome sous le pontificat de Léon X, où l'on exécuta un jour avec beaucoup d'applaudissement, dans la chapelle du pape, le motet *Verbum bonum et suave* qu'on croyoit être de Josquin ; mais s'en étant avoué l'auteur, les musiciens ne voulurent plus l'exécuter à la suite du temps, soit par malice, soit par ignorance. Voyez *Zarlino, vol. I, p. 4, p. 448, édition de 1589.* 3) *Gioseffo Zarlino*, de Chioggia en Italie, élève de Willart, et maître de chapelle de la république de Venise en 1541. Il n'est pas le premier qui ait écrit de la Fugue et du Contrepoint (c), mais il est surement le premier qui en ait publié des règles correctes dans ses *Istitutioni harmoniche.* 4) *Costanzo Porta*, de Crémone, florissoit en 1550, et s'est fait beaucoup admirer à Rome par ses excellens motets, dont il y en a plusieurs d'imprimés. 5) *Andrea Gabriele*, de Venise, a fait, entre autres ouvrages, *Madrigali et Ricercari à quattro voci in Venezia* 1589. 6) Le père *Artusi* (*Gio. Maria*), de Bologna, a écrit *Arte del contrapunto*, réimprimé en 1598. 7) *Gio Maria Nanino*, célèbre en 1581. *Liberati* l'appelle *valoroso compositore et Contrapuntista.* 8) *Cyprianus Rorus* (*Cipriano Rore*), de Malines, a été maître de chapelle dans plusieurs villes d'Italie. Il a composé des madrigaux et des messes à 4, 5 et 6 parties. 8) *Jacques de Wert*, célèbre en 1580, à Venise. 10) *Orlando de Lasso*, natif de Mons en Hainault, dont les ouvrages, à 2 et à 12 parties, se voient encore aujourd'hui. Il est mort en 1594, à Munich, où il a été maître de chapelle. 11) *Pierre de la Rue* (*Petrus Platensis*), Français de nation, maître de chapelle à Anvers, a composé des messes et des

---

(c) Lungo sarebbe il voler raccontare tutte le specie delle consequenze d'una in una, et il voler dar' un essempio particolare ; ma perche de queste ne sono i libri pieni, però lasciarò di raggionarne più oltra, etc. *Zarl. Vol. I. p. 3. p. 272.*

motets en 1549. 12) *Jacques Arcadet*, Français, et élève de Josquin. Ses messes à 4, 5 et 7 parties, ont été imprimées à Paris; il florissoit vers le milieu du seizième siècle. 13) *Alexandre Vtendal*, Allemand, a publié, en 1570, plusieurs motets, messes et magnificat, à 4, 5 et 6 parties, et d'avantage. 14) *Jean Knefel*, Allemand, et maître de chapelle à la cour Palatine en 1571, célèbre par plusieurs ouvrages à 5, 6 et 7 parties. 15) *Louis Senfli* (*Ludovicus Senfelius*), natif de Zurich en Suisse, maître de chapelle en Bavière, en 1530. Un de ses motets les plus renommés est sur ces paroles : *Non moriar sed vivam.* 16) *Infantas* (*Ferdinand de las*) Espagnol, a publié en 1570 *Plura modulationum genera quæ vulgo contrapuncta appellantur, super excelso Gregoriano cantu,* outre plusieurs autres ouvrages. 17) *Ammon Blasius*, Allemand, natif du Tyrol, a mis au jour plusieurs messes et motets, à 4, 5 et 6 parties; il florissoit en 1590. 18) *Ottavio Bariola*, Italien et organiste à Milan, a publié en 1585 *Ricercate per suonar d'organo*, et en 1594 *Capricci over Canzoni.* 19) *Annibal Patavinus* (c'est-à-dire de Padoue), organiste célèbre à Venise en 1560, et auteur de plusieurs beaux ouvrages. 20) *Orazio Columbani*, célèbre en 1576, a publié, entre autres ouvrages, des pseaumes à 6 parties. 21) *Jacques Hænel*, autrement *Gallus*, natif de Crain en Allemagne, célèbre en 1580, a fait entre autres un motet à 24 parties pour quatre chœurs; le commencement en est: *Cantate.* 22) *Pietro Pontio*, de Parme, a fait imprimer plusieurs messes à 4, 5 et 8 parties, outre un dialogue *della musica theorica e pratica*; il florissoit en 1580. 23) *Michele Varoti* a fait des messes à 2 et à 8 parties, en 1588. 24) *Orazio Vecchi*, de Milan, auteur de plusieurs livres de canzonettes, messes et lamentations; il florissoit en 1580. 25) *Severin Cornet*, de Valenciennes, maître de chapelle à Anvers, a écrit des motets à 5, 6, 7 et 8 parties, en 1582. 26) *Nicolas Gomberti*, élève de Jossien ou Josquin, Flamand de nation, et maître de chapelle à la cour impériale en 1541, a publié plusieurs messes à 4 et à 5 parties. 27) *Jean Léon Hasler*, de Nuremberg, excellent organiste, et connu par plusieurs ouvrages imprimés en 1590 et 1599. 28) *Jacques Paix*, natif d'Augsbourg, et organiste à Lauingen, a publié, en 1583, un livre d'orgue, et dans les années suivantes, un

livre

livre de fugues et un de motets, etc. 29) *Gio. Battista Pinelli*, de Gênes, maître de chapelle à la cour de Dresde en 1582, a publié plusieurs messes et magnificat. 30) *Gio. Maria Rossi*, florissoit à Brescia en 1560, et a publié à Venise des motets à 5 parties. 31) *Antonio Scandelli*, maître de chapelle à Dresde en 1570, auteur de quelques bonnes messes. 32) *Christoph. Moralis*, compositeur espagnol, célèbre en 1560; il a fait des messes et des magnificat. 33) *Nicolaus Rostius*, natif de Weimar, maître de musique à la cour Palatine, a composé deux musiques de passion, une latine et une allemande, à 11 parties, outre nombre de motets; il florissoit en 1583.

§. X.

Ceux qui se sont fait connoître dans le *dix-septième siècle* sont, 1) *Camillo Angleria*, Italien; il a écrit *Regole del Contrapunto* en 1622. 2) *Ludovico Viadana*, savant organiste et ensuite maître de chapelle à Mantoue, inventeur de la *basse continue*. Il a composé plusieurs messes, pseaumes et magnificat, et florissoit en 1620. 3) *Allessandro Milleville*, d'abord organiste en plusieurs cours, et ensuite maître de chapelle à Ferrare en 1622, a fait des pseaumes et des motets à 2, 3, 4, 5 et 6 parties. 4) *Ercole Pasquino*, de Ferrare, élève de Milleville, et organiste à St. Pierre de Rome. 5) *Girolamo Frescobaldi*, de Ferrare, et organiste à St. Pierre de Rome, l'organiste le plus consommé que l'Italie ait jamais produit. Ses *Capricci* et *Ricercari*, etc., sont des chefs-d'œuvre; il florissoit en 1642. 6) *Teodoro Casati*, d'abord organiste, et ensuite maître de chapelle à Milan, célèbre par plusieurs messes et motets en 1667. 7) *Luigi Battiferri*, natif d'Urbin, et maître de chapelle à Ferrare, a publié plusieurs *Ricercari*, à 2, 3, 4, 5 et 6 sujets, des pseaumes, des litanies et des motets. 8) *Leandro Galerano*, natif de Brescia, où il fut d'abord organiste, devint ensuite maître de chapelle à Padoue; il a fait des messes, motets, complies et litanies, à deux et à huit parties en 1629. 9) *Giovanni Palatini*, Italien, et organiste à la cour impériale en 1619, connu par plusieurs bons ouvrages. 10) *Piet. Francesco Valentini*, de Rome, a publié, en 1655, *Canoni Musicali*, ouvrage d'un savoir profond. 11) *Romano Micheli*, de Rome, où il étoit maître de chapelle en 1616, et où il a publié des complies à 6 parties. 12) *Athanasius Kircherus*, de Fulde en Allemagne, savant jésuite, et connu par son *Ars magna Consoni et Dissoni* ou *Musurgia*, imprimée à Rome en 1650. 13) *Jean André Herbest*, (vulgo *Autumnus*) Allemand, et maître de chapelle à Nuremberg, connu par de bons ouvrages théoriques et pratiques en 1650. 14) *Jean Jacques Froberger*, natif de Halle en Saxe, élève de Frescobaldi, florissoit en 1655. Ses ouvrages sont assez connus des artistes, et ils seront toujours des modèles d'une bonne Fugue régulière. 15) *Jean Gaspar Kerl*, Saxon, élève de Giovanni Valentini, fut d'abord organiste, et ensuite maître de chapelle à Munich ; il a composé plusieurs messes en 1639, outre plusieurs autres ouvrages. 16) *Jean Rosenmüller*, Saxon, et maître de chapelle à la cour de Wolfenbüttel en 1670, très-renommé pour la justesse de l'harmonie qui règne dans ses ouvrages. 17) *Claudin le jeune*, de Valenciennes, maître de la musique de Henri IV, a fait imprimer, en 1607, des *Mélanges*, contenant toutes sortes de musique vocale à 4, 5, 6, 8 et 10 parties : la *seconde partie* de ces *Mélanges* n'a paru qu'en 1612, quelques années après sa mort. 18) *Le Bègue*, organiste de Louis XIV, en 1678 ; il a publié trois livres d'orgue, où il y a de fort jolies Fugues pour les commençans. 19) *Jean Henri d'Anglebert* florissoit à Paris en 1680. Les *cinq Fugues* qu'il a ajoutées à son livre de clavecin, et qu'il a travaillées toutes sur un même thème, renferment beaucoup d'art. 20) *André Hammerschmidt*, de Bohême, directeur de la musique à Zittau, grand maître dans l'art du Contrepoint; il florissoit en 1650. 21) *Angelo Berardi*, auteur de plusieurs bons livres théoriques, entre autres de *Documenti Armonici*, où il traite de la Fugue et du double Contrepoint, imprimés en 1687. 22) *Lorenzo Penna*, de Bologne, connu par le traité *Li primi Albori Musicali;* il florissoit en 1660. 23) *Francisco Podio*, maître de musique à Palerme, où il a fait imprimer, en 1604, un livre de *Ricercari*. 24) *Gianetto Palestina* (vel *Prenestini*) natif de Campagne de Rome. C'est en sa considération que les papes ont conservé la musique d'église, qu'ils vouloient abolir à cause des abus qui s'y étoient glissés. On voit encore aujourd'hui de ses messes, chefs-d'œuvre de Fugues et de Contrepoint ; il florissoit en 1608. 25) *Giov. Franc. Capello*, de

Venise, organiste à Brescia, a publié plusieurs ouvrages ; il florissoit au commencement de ce siècle. 26) *Fr. Immanuel Cardoso*, surnommé *Pacensis*, Portugais, a fait imprimer à Lisbonne plusieurs messes à 4, 5 et 6 parties, etc. en 1613. 27) *Giovanni Battista Lulli*, Florentin, le créateur du goût français, mort en 1687. *d*) 28) *Andreas Finold*, de Thuringe, a composé plusieurs magnificat à 8 parties en 1616 et 1620. 29) *Vincentio Gallo*, maître de musique à la cathédrale de Palerme, a fait imprimer plusieurs messes à 2 et 3 chœurs ; il florissoit déjà sur la fin du seizième siècle. 30) *Jean Klemme*, organiste à la cour de Dresde en 1631, a publié trente-six Fugues pour l'orgue. 31) *Giov. Paolo Cima*, organiste, et maître de chapelle à Milan, a publié, en 1609, *Canzoni, Consequenze et Contrapunti doppii* à 2, 3 et 4 parties. 32) *Gasparo Villani*, organiste à Piacenza, célèbre en 1610, a fait imprimer des messes et des vêpres. 33) *Jean de Cousu*, bon compositeur français ; l'on a de lui un *Capriccio* à 4 parties qui se trouve dans la *Musurgie de Kircher*. 34) *Giovanni Croce*, maître de chapelle à Venise, a fait des messes, des vêpres, des motets, des canzonettes, etc. *e*) 35) *Giacomo Carissimi*, maître de chapelle au collège allemand de Rome en 1649. 36) *Paoli Lorenzani*, de Rome, élève d'*Orazio Benevoli*, maître de musique à la cathédrale de Messine, passa ensuite en France au service de Louis XIV, et a fait imprimer, à Paris, un livre de motets. 37) *Giovanni Legrenzi*, organiste à Bergamo, et ensuite maître de chapelle à Ferrare, célèbre en 1660, a publié des motets à 2, 3 et 4 parties, des litanies, des complies, etc. 38) *Jean Woltz*, organiste à Heilbronn, a fait imprimer, en 1617, un recueil d'un grand

---

(*d*) *L'Histoire du théâtre de l'Opéra Français*, etc. dit : *qu'il n'excelloit pas seulement dans la musique française, mais qu'il a aussi composé plusieurs motets à grands chœurs, comme le Te Deum, l'Exaudiat, le Veni creator, Plaudite gentes, le Miserere et le de profundis.* Il me semble que l'on n'est pas, chez plusieurs autres nations, aussi exact qu'en France, où l'on fait une distinction entre la musique de théâtre, de concert, etc., et la musique d'église. Cette distinction fait honneur au goût des Français, et ils ne manqueront pas surement de bonnes musiques d'église, tant qu'ils seront de ce sentiment.

(*e*) Une *canzonetta* ou *canzone* signifie, parmi les anciens compositeurs, une fugue faite sur un petit sujet vif, tiré pour l'ordinaire d'une chanson sacrée ou profane.

nombre de motets, fugues et *Canzonnettes* de sa façon , et de celles des meilleurs organistes italiens et allemands de son temps. 39) *Tarquinio Merula* , maître de chapelle et organiste à Bergamo, a fait imprimer , en 1639, des messes et des pseaumes à 2 et à 12 parties. 40) *Claudio Monteverde*, maître de chapelle à Venise en 1620, auteur de plusieurs motets. 41) *Gio. Antonio Rigatti*, a fait imprimer à Venise, en 1640, plusieurs messes et pseaumes à 2 et à 8 parties. 42) *Francesco Turini*, organiste à Brescia, a publié à Venise, en 1643, un livre de messes *alla capella*. 43) *Jean Stadelmeyer*, natif de Freysingen, maître de chapelle à Graitz, a fait imprimer plusieurs messes et pseaumes, magnificat et d'autres musiques d'église à 4 et à 24 parties ; il florissoit en 1612. 44) *Giovanni Rovetta* , maître de chapelle à Venise, a donné plusieurs messes , pseaumes et litanies à 4 et à 8 parties ; il florissoit en 1660. 45) *Antonio Savetta*, maître de chapelle à Lodi, célèbre en 1630. Il a publié des messes et des litanies à 4 et à 9 parties. 46) *Marco Scacchi*, de Rome, maître de chapelle à Varsovie, assez connu par ses ouvrages pratiques et théoriques ; il florissoit en 1640. 47) *Bernard Klingenstein*, directeur de la musique à Augsbourg en 1605, auteur de bons motets. 48) *Gius. Scarani*, organiste à Mantoue, a fait imprimer des motets à Venise en 1641. 49) *Benedetto Palavicino*, maître de chapelle à Mantoue, célèbre au commencement de ce siècle par ses compositions à deux et à 16 parties. 50) *Abbatini*, maître de chapelle à Rome, a publié des motets en 1638. 51) *Agazzario* (*Agost.*), de Sienne, célèbre en 1607 par ses madrigaux et motets à 4, 5, 6, 7 et 8 parties. 52) *Oraz. Benevoli*, maître de chapelle du pape en 1650. 53) *Stéfano Bernardi*, italien célèbre en 1623, à Véronne, et 54) *Christophore Bernard*, Allemand, célèbre à Dresde en 1682; tous deux connus par de bons ouvrages. 55) *Gius. Anton. Barnarbei*; il florissoit sur la fin du siècle dernier, de même que 56) *Giov. Batt. Bassani*, maître de chapelle à Bologne. 57) *Constanzo Antegnati*, organiste à Brescia, a fait des motets et des messes à 12 parties, en 1619.

§ XI.

§. X I.

Voici les compositeurs les plus célèbres depuis la fin du dix-septième jusqu'au milieu du dix-huitième siècle. 1) *Jean Baptiste Samber*, Allemand, et organiste à Saltzbourg, a publié, en 1704, un traité de composition, sous le titre de *Manuductio ad organum* : il y traite de la manière de faire une fugue. 2) *Marc - Antoine Charpentier*, Parisien, élève de Carissimi et maître de musique de la S.ᵗᵉ-Chapelle, savant compositeur, mais qui n'a pas fait graver de motets, autant que je sache ; il est mort en 1702. 3) *Henri Desmaréts*, Parisien, aussi connu par ses talens que par les vicïssitudes de sa fortune ; il est mort en 1741. 4)*André Campra*, Provençal, maître de musique à la cathédrale de Paris ; il s'est autant distingué par ses opéras que par ses motets. 5)*Michel-Richard de la Lande*, Parisien, sur-intendant de la musique du roi de France ; il est mort en 1726. Ses ouvrages n'ont paru qu'après sa mort. 6)*L'Alouette*, maître de musique à la cathédrale de Paris, auteur de plusieurs bons motets. 7) *Madin* qui a fait un traité du Contrepoint. 8) *Alessandro Scarlatti*, compositeur excellent, à Naples. 9) *Thierri Buxtehude*, Allemand, organiste à Lubeck ; il y a beaucoup d'art dans ses fugues. 10) *George Muffat*, et *Amadée Muffat*, Allemands, père et fils, tous deux célèbres organistes à la cour impériale, et auteurs de bons ouvrages. 11) *Jean Godefroi Walther*, Allemand, organiste à Weimar ; c'est le *Brossard* Allemand (*a*). 12) *Gio. Maria Bononcini*, grand compositeur qui s'est fait également connaître à l'église et au théâtre. 13) *Jean Theil*, Allemand, a composé 23 messes, 8 magnificat, 12 pseaumes, etc. à 2 et à 11 parties obligées. 14) *Jean Krieger*, de Nuremberg, et directeur de la musique à Zittaux, a publié, en 1699, des *Ricercari* et *Fugues* à 1, 2, 3 et 4 sujets. 15)*Jean Gaspard Ferdin. Fischer*, Allemand, maître de chapelle à Baden, a composé plusieurs musiques d'église, outre des pièces de clavecin, c'est le *Couperin Allemand* pour le goût. Il ne faut pas le confondre avec plusieurs autres musiciens de ce nom. 16) *Jean Christoph. Schmidt*, Allemand, maître

---

(*a*) Brossard, Français, auteur d'un dictionnaire de musique très-estimé.

de chapelle à **Dresde**, mort en 1728, n'a pas composé beaucoup, mais a fait des choses exquises, dont ses messes et quelques autres musiques d'églises font foi. 17) *Arcangelo Corelli*, mort au commencement de ce siècle, assez connu par les excellentes fugues de violon qu'il a composées. 18) *Francesco Maria Veracini*, Florentin, grand professeur de violon, pour lequel il a fait plusieurs fugues. 19) *Zaccaria Tevo*, moine franciscain, a fait imprimer, en 1706, à Venise, son *Musico Testore*. 20) *Franç. Xavier Antoine Murschauser*, de Saverne en Alsace, élève de Kerl, et maître de musique à Notre-Dame de Munich, a publié plusieurs ouvrages pour l'orgue, outre des pseaumes. 21) *Giov. Maria Casini*, organiste en Toscane, a publié, en 1704, des Fugues d'orgue à 4 parties, sous le titre de *Pensieri per l'organo in Partitura*. 22) *Jean Henri Buttstett*, Allemand, élève de Jean Pachelbel, et organiste à Erfurt, auteur de différens ouvrages. 23) *Jean Zelenka*, de Bohême, maître de chapelle à Dresde en 1729, a fait de belles messes et d'autres ouvrages pour l'église. 24) *Festing*, Anglais, dont les Fugues de violon insérées dans ses sonates, sont assez connues. 25) *Pebusch*, Allemand, qui a passé en Angleterre, où il a fait graver plusieurs musiques instrumentales dans lesquelles se trouvent d'excellentes Fugues. Il est mort depuis peu d'années. 26) *Pascal Colasse*, Parisien, maître de chapelle de Louis XIV, mort en 1709; ses motets lui ont fait beaucoup d'honneur; je ne sais s'il en a fait graver. 27) *Antonio Lotti*, organiste à Venise en 1721, auteur de plusieurs madrigaux et messes à 2, 3, 4 et 5 parties. 28) *De Brossard*, musicien savant et qui méritoit de vivre plus long-temps pour accomplir la promesse qu'il avoit faite au public dans son *Dictionnaire de Musique*, d'écrire un traité sur le renversement des harmonies; il a publié plusieurs livres de musiques d'église. 29) *L'abbé Bernier*, dont les motets admirables, mêlés des plus excellentes Fugues, font encore aujourd'hui les délices des connoisseurs. 30) *Jean Kuhnau*, directeur de la musique à Leipsick, mort en 1722; les livres de clavecin, qu'il a publiés, sont tous entremêlés de simples et doubles Fugues, écrites dans un goût aisé. 31) *Jean Pachelbel*, élève de *Kerl*, organiste à Nuremberg, et auteur de plusieurs bonnes Fugues pour l'orgue et le clavecin. 32) *Jean Joseph Fux*, sur-intendant de la musique à la cour impériale ; son ouvrage, qu'il nomme *Gradus ad Parnassum*, sera toujours un des meilleurs livres pour apprendre la composition ; ses messes et motets sont tous remplis de Fugues exquises. 33) *Francesco Conti*, Italien, et maître de musique à la cour impériale ; ses harmonies sont un peu bizarres. 34) *Antonio Caldara*, Italien, et vice-maître de chapelle à la cour impériale ; il ne s'est pas moins distingué dans la musique d'église que dans celle de chambre. 35) *Jean David Heinichen*, Saxon, maître de chapelle à Dresde ; sa musique d'église est remplie d'admirables Fugues, aussi élégantes qu'harmonieuses. 36) *Godefroi Henri Stœlzel*, Allemand, maître de chapelle à Gotha, mort depuis quelques années : on exécutera toujours ses messes et ses motets avec le même ravissement. 37) *Jean Boivin*, Français, organiste à Rouen ; quelques courtes que soient les Fugues qu'on trouve dans ses pièces d'orgue, elles font voir que l'ouvrage qu'il méditoit sur la composition, et que la mort l'a empêché d'exécuter, auroit mérité l'attention de ceux qui aiment la justesse de l'harmonie. 38) *François Dandrieu*, organiste à Paris, a publié un livre de pièces d'orgue, où il y a de jolies Fugues. 39) *Jean Sebastien Bach*, natif d'Eisenach, né en 1685, maître de chapelle et directeur de la musique à Leipsick, mort depuis peu ; homme qui réunissoit en lui seul les talens de plusieurs grands hommes, une science profonde, un génie vif et fécond, un goût aisé et naturel, et les plus excellentes mains qu'on puisse s'imaginer : le défi qu'il reçut à Dresde du célèbre *Marchand*, organiste français, est assez connu. Il fut glorieux à Pompée de ne pouvoir être vaincu que par César, et à Marchand de ne l'être que par Bach. Outre quantité de belles musiques d'église, on a de lui plusieurs recueils de *Ricercari* à un, deux, trois, quatre et cinq sujets, par mouvement semblable contraire, etc., dans les 24 tons (*a*).

(*a*) Le plus recherché de ces recueils, contenant 48 Fugues dans tous les tons, est gravé, à Paris, chez IMBAULT, éditeur de cet ouvrage.

§. XII.

Me voici au siècle des *auteurs vivans*. Les plus connus pour la théorie de la Fugue sont, (1) *Rameau ;* (2) *de Mattheson ;* (3) *Scheibe* et (4) *Spies.* Dans la pratique, (5) *Handel ;* (6) *Teleman ;* (7) et (8) les deux *Graun ;* (9) *Hasse ;* (10) et (11) les deux *Bach ;*

---

(1) Célèbre compositeur d'opéras à Paris, et qui a publié un *Traité de l'harmonie*, ouvrage excellent, où il se trouve un chapitre sur la fugue, accompagné d'un *quinque.*

(2) *Conseiller de légation* à Hambourg, qui, outre nombre d'écrits de musique sortis de sa fertile et savante plume, et outre un recueil de fugues de sa façon, a écrit le *Maître de chapelle parfait*, où il traite, en abrégé, de la fugue et du contrepoint.

(3) Maître de chapelle du roi de Dannemarck, natif de Leipsick, qui, dans son *Musicien critique*, ouvrage périodique et ingénieux, traite de la Fugue et du Contrepoint.

(4) Savant bénédictin , prieur d'Yrsée près d'Augsbourg, et membre de la société de musique d'Allemagne; il a inséré des règles de la Fugue et du Contrepoint dans son *Tractatus musicus compositorio-practicus.*

(5) Compositeur à Londres, natif de Halle dans le duché de Magdebourg; auteur classique qui ne s'est pas fait moins de réputation par ses musiques d'église, remplies de fugues admirables, que par ses ouvrages pour le théâtre, par ses belles ouvertures, ses fugues (*a)* pour le clavecin, et celles qu'on trouve dans ses trios pour le violon.

(6) Maître de chapelle et directeur de la musique à Hambourg , natif de Magdebourg. Il y a très-peu d'églises en Allemagne qui ne retentissent de la musique expressive et touchante de ce compositeur excellent. Ses ouvertures serviront toujours de modèle dans ces sortes de compositions.

(7) et (8) *Charles Henri Graun*, sur - intendant de la musique du roi de Prusse , génie inépuisable et toujours neuf, soit qu'il travaille pour le théâtre, où il charme par sa mélodie, soit qu'il travaille pour l'église, où il transporte par son harmonie. *Jean Amadée Graun*, maître des concerts du roi de Prusse, et frère du précédent, a composé quelques messes, outre nombre de musiques instrumentales , d'ouvertures et de trios , où il se trouve de belles fugues.

(9) Sur-intendant de la musique à la Cour de Dresde. Les Italiens regardent ses compositions pour le théâtre comme des chefs-d'œuvre, et ses pièces d'églises, soit en latin, en italien ou en allemand , seront toujours estimées de tous les amateurs du beau chant.

(10) et (11) *Guillaume Friedman Bach*, fils du célèbre Jean Seb. Bach, directeur de la musique et organiste à la cathédrale de Halle dans le duché de Magdebourg. *Charles Phil. Eman. Bach*, frère du précédent, ordinaire de la musique de la chambre et de la chapelle du roi de Prusse. Ils sont connus par leurs savantes fugues et autres compositions.

(*a*) Elles sont gravées par l'éditeur de cet ouvrage.

(12) le père *Martini* à Bologne , en Italie ; (13) *Mondonville ;*
14) *Le Clair ;* (15) *Geminiani ;* (16) *Graupner ;* (17) *Fasch ;* (18) *Ums-*
tadt; (19) *Hofman;* (20) *Eberlin ;* (21) *Krebs;* (22) *Meyer ;* (23) *Hur-*
lebusch ; (24) *Fevrier ;* (25) *Kolbe ;* (26) *Benda ;* (27) *Smith ;* (28) et
Kelner.

Je pourrois placer ici quantité d'organistes et de maîtres de musique
excellens, à Paris, et dans plusieurs cathédrales de la France, qui,
quoiqu'ils n'aient encore rien donné au public, *en fait de Fugues,*
autant que je sache, méritent , par l'habileté et le savoir qu'ils ont
acquis dans cet art, et qu'ils prouvent tous les jours avec succès à leurs
auditeurs , que leurs noms soient conservés dans l'histoire de la Fugue ;
mais comme l'auteur ingénieux du *siècle de Louis XV,* m'a devancé
sur cet article dans les quatrième , cinquième et huitième de ses *lettres*

---

(12) Il ne faut pas confondre ce compositeur admirable pour l'orgue et pour le clavecin,
avec un autre *Martini* , écrivain dans un genre de musique bien opposé à celui de la Fugue. (*a*)

(13) Un des grands professeurs de violon à Paris, qui a composé plusieurs motets et d'autres
ouvrages qui lui valent les justes applaudissemens que lui donnent les connoisseurs.

(14) Célèbre violon à Paris. Voyez ses trios et ses trois premiers livres de solos , où il y
a des Fugues admirables.

(15) Assez fameux par ses *concerti grossi.*

(16) Maître de chapelle à Darmstadt.

(17) Maître de chapelle à Zerbst , élève du précédent.

(18) Maître de chapelle à Bamberg, élève de Fux.

(19) Organiste et directeur de la musique à Breslau.

(20) Organiste à Saltzbourg. Ses Fugues sont dans le goût de celles d'Handel.

(21) Organiste à Zeitz , élève de feu M. Bach.

(22) Organiste à Hanovre.

(23) Organiste à Amsterdam.

(24) Organiste à Paris , qui, de même que le précédent, a joint quelques Fugues à ses
pièces de clavecin.

(25) Employé à Strasbourg dans les affaires du roi de France.

(26) Maître de chapelle à Gotha.

(27) Organiste à Londres.

(28) Organiste à Græfenrode près de Gotha. Les Fugues qu'il fait sur-le-champ sont
meilleures que celles qu'il compose par écrit, c'est le sort de plusieurs grands génies.

(*a*) Cet ouvrage a été publié en 1756. M. Martini , l'un des cinq inspecteurs actuels du Conservatoire de musique de
Paris, ne s'étoit pas encore fait connoître. L'*Amoureux de Quinze ans ,* son premier ouvrage, n'a été donné
qu'en 1771. *Note de l'Editeur.*

Traité de la Fugue. II.ᵉ Part.   21

sur les hommes célèbres; j'y renvoie le lecteur pour ne pas le copier ici. Le nom de M. *Bibault*, que j'y trouve, me rappelle celui de trois autres *aveugles*, également renommés pour l'orgue et le clavecin, et qui sont 1) M. le baron d'*Erlach*, qui demeure à Berlin; 2) M. *Jacobi*, organiste à Magdebourg; 3) et M. *Stanley*, organiste à Londres, presques tous trois aveugles de naissance. Il faut encore placer parmi les habiles organistes de notre temps, qui n'ont encore rien publié en fait de Fugue; 1) M. *Lustig*, organiste à Groningue, en Hollande, Allemand de nation, auteur de plusieurs suites charmantes pour le clavecin, et d'un *Inleiding tot de Musykkunde*, traité admirable ; 2) et M. *Keeble*, à Londres.

Je ne doute pas que je n'aie surement omis ici plusieurs grands artistes de ce siècle, morts ou vivans; mais n'ayant d'abord eu en vue que de faire une histoire abrégée du Contrepoint et de la Fugue ; et d'ailleurs ne connoissant pas tous les auteurs, je laisse la liberté à chacun de joindre ici les noms de ceux à qui le public et les connoisseurs ne refuseront jamais de justes éloges.

TRAITÉ DE LA FUGUE

ET

DU CONTREPOINT.

SECONDE PARTIE.

CHAPITRE PREMIER.

Du triple Contrepoint.

§. I.er

QUAND trois différentes parties peuvent se renverser de façon que chacune puisse devenir Basse, Dessus ou partie moyenne, cela s'appelle *triple Contrepoint.*

§. I I.

J'en distingue de deux sortes ; l'un, qui ne se rapporte qu'au seul double Contrepoint à l'Octave, c'est le *triple Contrepoint à l'Octave;* l'autre, qui se rapporte à plusieurs doubles Contrepoints à-la-fois. c'est le *triple Contrepoint mixte.*

ARTICLE PREMIER.

Du triple Contrepoint à l'Octave.

§. I.er

Les règles qu'il faut observer pour la composition d'un Contrepoint de cette espèce, sont les mêmes que celles que l'on emploie en faisant un double Contrepoint à l'Octave ; savoir :

1) Que la *Quinte* doit être traitée en dissonance, parce qu'elle devient Quarte en se renversant.

2) Qu'il faut éviter *deux Quartes de suite*, parce qu'elles deviennent Quintes en se renversant.

3) Que la *Neuvième* ne peut être employée, parce qu'elle ne peut être sauvée régulièrement.

§. I I.

Chaque Contrepoint de cette espèce, traité comme il faut, peut se *renverser de six manières,* comme on peut le voir par la démonstration suivante :

Premier Ordre.

1   1   2.

2   3   3.

3   2   1.

Second Ordre.

3   2   3.

1   1   2.

2   3   1.

Ces chiffres servent à distinguer les trois différens sujets qui composent le Contrepoint. Quand un Contrepoint admet les trois renversemens de l'un de ces deux ordres, il admet aussi ceux de l'autre. Il n'est donc nécessaire de faire attention qu'à l'un ou l'autre de ces ordres, n'importe auquel.

PREMIER EXEMPLE.

Tab. I. Fig. 1, 2, 3. On ne voit ici que les trois principaux renversemens des sujets. La table de renversement, rapportée au paragraphe II, servira de règle pour y ajouter les trois autres.

SECOND EXEMPLE.

Tab. I. Fig. 4. C'est sur ces trois sujets qu'est établi le canon perpétuel à l'Octave de la fig. 5. Quiconque voudra l'essayer, pourra pratiquer, de cette façon, tous les autres Contrepoints de cette espèce, en y ajoutant seulement quelques notes pour faire la connexion. Il n'importe par quel sujet le canon commence.

TROISIÈME EXEMPLE.

Voyez la Tab. I. Fig. 6 et 7, et Tab. II. Fig. 1.

QUATRIÈME EXEMPLE.

Voyez la Tab. II. Fig. 2, 3 et 4.

§. III.

§. III.

Il y a encore une autre manière de faire un triple Contrepoint à l'Octave: elle consiste à ajouter une *Basse permanente au-dessous des trois autres parties*, et alors il n'est pas nécessaire de faire attention aux règles données ci-devant au sujet de la Quinte et de la Neuvième; il suffit d'éviter de faire *deux Quartes consécutives*.

PREMIER EXEMPLE.

Tab. V. Fig. 2. Pour faire les renversemens de cette figure, il faut laisser toujours la Basse à sa place, et ne renverser que les trois parties supérieures.

SECOND EXEMPLE.

Tab. XXXI. Fig. 2. C'est un canon à l'Octave, entre les trois parties supérieures, sur une Basse permanente ; on en peut user de même du premier exemple.

ARTICLE II.

Du triple Contrepoint mixte.

Un Contrepoint de cette espèce se compose plus aisément des **deux manières** suivantes :

PREMIÈRE MANIÈRE.

On fait un double Contrepoint, soit à l'Octave, soit à la Dixième ou à la Douzième, mais de façon qu'il puisse devenir Trio par l'addition d'une partie à la Tierce, suivant ce qui a été enseigné à cet égard dans la première partie de cet ouvrage. L'ayant fait, on en varie les sujets par toutes sortes de figures, suivant les règles du Contrepoint inégal, afin de les distinguer assez les uns des autres.

EXEMPLE.

Tab. LII. Fig. 3. On n'a qu'à jeter les yeux sur les deux parties supérieures qui procèdent par Tierces, et l'on s'apercevra d'abord que l'une d'elles, forme contre l'autre une partie accessoire. Il est bon de remarquer à présent, que toutes les compositions de cette espèce se rapportent toujours à l'un ou l'autre de ces trois Contrepoints, à celui à l'Octave, à la Dixième ou à la Douzième, comme on peut en faire l'essai en comparant une voix avec l'autre. Mais ce n'est pas entre deux voix seules que le renversement a lieu; toutes les trois y participent, comme on peut le voir à la fig. 1, tab. V, où les trois sujets variés, suivant la règle du Contrepoint inégal, sont renversés, savoir; à la lettre (*a*) à la Douzième inférieure ; à la lettre (*b*) à l'Octave ; et à la fig. 4, tab. LII, à la Dixième. Le renversement qui se trouve à la lettre (*c*), fig. 1, tab. V, n'est proprement qu'une transposition de sujets, relative à la lettre (*b*) ou au commencement de la figure.

DEUXIÈME MANIÈRE.

Les dissonances ne sont pas tout-à-fait exclues d'un triple Contrepoint de cette espéce ; mais plus l'harmonie en est consonnante, plus souvent et plus commodément les sujets peuvent se renverser. Il faut, après cela, que toutes les voix se rapportent au Contrepoint à l'Octave ; mais il faut qu'il y en ait deux qui se rapportent à-la-fois au Contrepoint à la Douxième, et même, si cela se peut, à celui à la Dixième.

PREMIER EXEMPLE.

Voyez la tab. II, fig. 5 pour la composition du Contrepoint ; les fig. 6 et 7 pour son renversement à l'Octave ; les fig. 8 et 9, 10 et 11 pour son renversement à la Douzième.

DEUXIÈME EXEMPLE.

Voyez la tab. III, fig. 1 pour la Composition du Contrepoint; les fig. 2, 3 pour son renversement à l'Octave ; et les fig. 4, 5 pour son renversement à la Douzième. Aux fig. 6 et 7 on le voit renversé à la Dixième. Pour mieux entendre ce dernier renversement, il faut ôter la plus haute de ces deux voix, qu'on voit aller par Tierces dans la portée supérieure. Cette quatrième partie n'a été ajoutée que pour montrer comment un triple Contrepoint de cette espèce peut être mis *à quatre parties*. On verra facilement que le premier *Quatuor* dérive de la fig. 4, et le second de la fig. 5.

TROISIÈME EXEMPLE.

Voyez la tab. III, fig. 8 et 9, et la tab. IV, fig. 1, 2. Quiconque aura bien compris l'exemple précédent, n'aura pas besoin d'explication pour celui-ci. Il ne faut pas manquer de faire attention au *Quatuor* de la fig. 3, où l'on trouve les sujets renversés à la Dixième.

QUATRIÈME EXEMPLE.

Voyez la tab. IV, fig. 4. Cet exemple n'étant pas trop régulier pour le Contrepoint à l'Octave, il n'est pas susceptible de tant de renversemens à l'Octave que les autres. En voici un à la fig. 5. Les renversemens à la Douzième se trouvent aux fig. 6 et 7, et changés à la Dixième en *Quatuor*, fig. 8.

CHAPITRE II.

Du quadruple Contrepoint.

§. I.er

Quand quatre différentes parties peuvent se renverser de façon que chacune puisse devenir Basse, Dessus, ou partie moyenne, cela s'appelle *quadruple Contrepoint*.

§. II.

Il y en a de deux sortes ; l'un, qui ne se rapporte qu'au seul double Contrepoint à l'Octave, c'est *le quadruple Contrepoint à l'Octave* ; l'autre, qui se rapporte à plusieurs doubles Contrepoints à-la-fois, c'est *le quadruple Contrepoint mixte*.

Article premier.

Du quadruple Contrepoint à l'Octave.

§. I.er

Les règles qu'il faut observer pour la composition d'un Contrepoint de cette espèce, sont les mêmes que celles que l'on a vu ci-devant à l'article du triple Contrepoint à l'Octave ; savoir :

1) Que la *Quinte* doit être traitée en dissonance, parce qu'elle devient Quarte ou Onzième en se renversant.

2) Qu'il faut éviter *deux Quartes de suite*, parce qu'elles deviennent *Quintes* en se renversant.

3) Qu'il faut éviter l'harmonie de la *Neuvième*, comme ne pouvant être sauvée régulièrement.

Le quadruple Contrepoint à l'Octave, composé dans les règles, peut se renverser de *vingt-quatre manières*, comme on pourra le voir par la démonstration suivante :

Premier ordre de renversemens.

1	4	3	2
2	1	4	3
3	2	1	4
4	3	2	1

Second ordre de renversemens.

1	4	2	3
3	1	4	2
2	3	1	4
4	2	3	1

Troisième ordre de renversemens.

1	3	4	2
2	1	3	4
4	2	1	3
3	4	2	1

Quatrième ordre de renversemens.

1	3	2	4
4	1	3	2
2	4	1	3
3	2	4	1

Cinquième ordre de renversemens.

1	2	4	3
3	1	2	4
4	3	1	2
2	4	3	1

Sixième ordre de renversemens.

1	2	3	4
4	1	2	3
3	4	1	2
2	3	4	1

Il y a cependant une différence entre ces vingt-quatre renversemens, c'est qu'il n'y a que ceux *de chaque ordre* (il n'importe de quelque ordre que ce soit)

soit) qui méritent le plus d'attention , les vingt autres n'étant en effet qu'une transposition.

PREMIER EXEMPLE.

Voyez la table V, figure 4, et la table VI , figure 1, 2 et 3. Il ne sera pas difficile d'ajouter , à ces quatre principaux renversemens, les vingt autres.

SECOND EXEMPLE.

Tab. VII. Fig. 1. C'est sur ces quatre thèmes qu'est établi le canon perpétuel à l'Octave de la figure 4, table VI.

TROISIÈME EXEMPLE.

Voyez la table IX, figure 3.

§. I I.

Pour se faciliter la composition du quadruple Contrepoint à l'Octave , on peut le composer sur une Basse permanente, de même que cela s'est pratiqué ci-dessus à l'égard du triple Contrepoint ; il n'est nécessaire alors que d'éviter seulement *deux Quartes de suite.* L'harmonie de la Neuvième y trouve place , et la Quinte s'y peut employer comme l'on veut.

EXEMPLE.

Voyez la table V , figure 3. En renversant entre elles les quatre parties supérieures de cet exemple , on laisse toujours la Basse à sa place.

ARTICLE II.

Du quadruple Contrepoint mixte.

Quand les sujets d'un quadruple Contrepoint peuvent se renverser également à l'Octave et à la Douzième, ou à la Dixième, cela s'appelle *quadruple Contrepoint mixte ;* il se compose de la même manière que le triple Contre-point.

PREMIÈRE MANIÈRE.

On fait un double Contrepoint, soit à l'Octave, à la Dixième ou à la Douzième, mais de façon qu'on puisse l'augmenter de deux parties à la Tierce , c'est-à-dire , que l'on en puisse faire un *Quatuor ;* l'ayant fait, on varie les sujets par toutes sortes de figures , pour les faires distinguer les uns des autres.

Traité de la Fugue. II.ᵉ Part. 23

PREMIER EXEMPLE.

Voyez le Contrepoint à la figure 8, table IX. Les renversemens de cet exemple, avec les variations des sujets, se trouvent à la figure, 4, 5, 6 et 7.

SECOND EXEMPLE.

Tab. X. Fig. 1. Nous avons omis les renversemens. On peut en user comme de l'exemple précédent. Les sujets sont déjà variés ici.

DEUXIÈME MANIÈRE.

Elle consiste à arranger les parties de façon,

1) Que la Basse puisse se renverser à l'Octave contre les trois autres parties, et réciproquement;

2) Que le Dessus et la Haute-Contre puisse se renverser à la Douzième l'un contre l'autre.

PREMIER EXEMPLE.

Voyez la table VII, fig. 2, 3, 4, 5, et table VIII, fig. 1 et 2. C'est un exemple composé à la rigueur.

SECOND EXEMPLE.

Tab. VIII. Fig. 3, 4. Exemple composé avec plus de liberté, et qui, par conséquent, n'est pas susceptible de beaucoup de renversemens.

TROISIÈME EXEMPLE.

Tab. VIII. Fig. 5, et tab. IX. Fig. 1, 2. Il ne sera pas difficile de distinguer, dans les exemples précédens, les différentes sortes de renversemens les unes des autres.

CHAPITRE III.

Du Contrepoint par mouvement contraire.

§. I.ᵉʳ

UNE composition dont les parties prennent le mouvement contraire en se renversant, s'appelle *Contrepoint par mouvement contraire.*

§. II.

Comme le *mouvement contraire* peut être *libre* ou *contraint*, je renvoie le lecteur à ce qui en a été dit dans *la première partie, chapitre premier,* pour déterminer le ton par lequel il faut commencer quand le mouvement doit être contraint. A l'égard du *mouvement libre*, on ne l'emploie pour l'ordinaire que des *deux manières suivantes :*

PREMIÈRE MANIÈRE.

On place l'Octave de la tonique, en montant, vis-à-vis de l'Octave de la tonique en descendant, par exemple, en *ut majeur :*

ut   re   mi   fa   sol   la   si   ut.
ut   si   la   sol   fa   mi   re   ut.

La tonique redevient tonique ; la seconde du ton se change en Septième, et ainsi de suite. S'il arrivoit donc, que le chant du Contrepoint commençât par un *mi* ou un *sol,* il faudroit, en prenant ce chant par mouvement contraire, changer ces intervalles en *la* ou en *fa,* et ainsi des autres.

SECONDE MANIÈRE.

On place l'Octave de la tonique, en montant, vis-à-vis de l'Octave de la dominante en descendant, par exemple, en *ut majeur :*

ut   re   mi   fa   sol   la   si   ut.
sol   fa   mi   re   ut   si   la   sol.

La tonique se change en dominante ; la seconde du ton devient Quarte, et ainsi de suite. S'il arrivoit donc, que le chant du Contrepoint commençât par un *fa* ou un *sol,* il faudroit, en prenant ce chant par mouvement contraire, changer ces intervalles en *re* ou en *ut,* et ainsi des autres.

§. I I I.

De quelque sorte de mouvement que l'on se serve, en renversant les parties d'une composition, les intervalles restent toujours les mêmes, la Tierce reste Tierce, la Sixte, Sixte, et ainsi des autres; malgré cela, on ne peut se servir commodément que des intervalles consonnans, comme de la *Tierce*, *Octave*, *Quinte* et *Sixte* pour la composition d'un Contrepoint par mouvement contraire, *généralement parlant*, les dissonances ne pouvant être ni préparées ni sauvées régulièrement, et ne pouvant, par conséquent, être passées que par le moyen de la supposition. Il y en a cependant quelques-unes que l'on peut employer contre la règle générale ; mais il faut alors *que les parties, en se renversant, ou prennent le mouvement contraint, ou le mouvement libre de la seconde maniere, au moyen de laquelle la tonique se change en dominante.* J'en parlerai en son lieu.

ARTICLE PREMIER.

Du Contrepoint par mouvement contraire à deux parties.

§. I.ᵉʳ

.Les intervalles dont on peut se servir, sont: *la Tierce, la Quinte, la Sixte* et *l'Octave*. Pour les dissonances, il n'y a que *la fausse Quinte, la Quarte superflue, la Seconde superflue* et *la Septième diminuée*, qui puissent être employées. Tab. LIII. Fig. 6, 7 et 8.

PREMIER EXEMPLE.

Voyez la tab. X, fig. 2. Cet exemple est renversé par mouvement contraire à la figure 4, où le Dessus est changé en Basse et la Basse en Dessus. Pour ce qui est des deux clefs renversées, dont la véritable clef de la figure 2 est précédée, en voici l'usage. La première sert pour indiquer le ton dans lequel le renversement doit se faire suivant l'intention du compositeur ; on n'a qu'à tourner la feuille et regarder à rebours l'exemple en question, en tirant de la droite à la gauche, et on en trouvera de suite le renversement. La seconde clef, qui est celle du milieu, sert à reconnoître ce renversement par le moyen d'un miroir, en tournant seulement la feuille, sans être obligé de lire de droite à gauche ; mais on ne se sert pas de ces deux clefs à-la-fois, et ce n'est que dans le canon que l'on en fait le plus d'usage.

SECOND EXEMPLE.

SECOND EXEMPLE.

Voyez la Tab. X. Fig. 7 et 8.

TROISIÈME EXEMPLE.

Tab. X. Fig. 11 et 12. C'est un canon perpétuel.

§. I I.

Quand on évite de faire *deux Tierces de suite par mouvement semblable*, on peut faire de ce Contrepoint un *Trio ;* et en évitant, en même temps, de faire *deux Sixtes de suite par mouvement semblable*, on peut en faire un *Quatuor :* les Tierces s'ajoutent au-dessous du Dessus et au-dessus de la Basse.

PREMIER EXEMPLE.

Tab. X. Fig. 5 et 6. Compositions qui se rapportent aux figures 2 et 4.

SECOND EXEMPLE.

Tab. X. Fig. 9 et 10. Compositions qui se rapportent aux figures 7 et 8.

§. I I I.

On fait souvent prendre aux parties le mouvement contraire, *sans les renverser en même temps* ; comme alors les intervalles ne restent pas les mêmes, mais qu'ils se changent, il est nécessaire de se proposer un des doubles Contrepoints, soit à l'Octave, à la Douzième ou à la Dixième, pour régler là dessus sa composition.

PREMIER EXEMPLE.

Voyez la Tab. LIII. Fig. 2 et 3. C'est à la lettre (*a*) que l'on trouve un Contrepoint à l'Octave renversé à (*b*) ; à la lettre (*c*) ce Contrepoint prend le mouvement contraire, sans que les parties en soient renversées ; et à (*d*) on en voit le renversement. Voilà une composition praticable de *quatre manières*.

SECOND EXEMPLE.

Voyez la Tab. X. Fig. 2 et 3. Exemple fait suivant le Contrepoint à l'Octave, comme le précédent.

TROISIÈME EXEMPLE.

Tab. LIV. Fig. 8. Composition établie sur le Contrepoint à la Dixième.

Traité de la Fugue. II.ᵉ Part.   24

Q U A T R I È M E E X E M P L E.

Tab. LIV. Fig. 9. Composition établie sur le Contrepoint à la Douzième.

A R T I C L E I I.

Du Contrepoint par mouvement contraire à trois parties.

On vient de voir de quelle façon il faut s'y prendre pour faire un Trio ou Quatuor d'un *double Contrepoint par mouvement contraire.* Il s'agit maintenant de faire une sorte de Contrepoint où toutes les trois parties se distinguent les unes des autres, c'est-à-dire un *triple Contrepoint par mouvement contraire:* il y a deux manières de le faire aisément.

P R E M I È R E M A N I È R E.

On laisse la partie du milieu à sa place, et l'on ne renverse que le Dessus et la Basse ; comme au moyen de ce renversement les intervalles des deux voix extrêmes restent les mêmes, de même que dans le double Contrepoint par mouvement contraire, il n'y a, par conséquent, d'autres règles à observer que celles qui ont été données ci-devant *au §. I.er article premier;* mais ce qu'il y a à observer, par rapport à la partie du milieu, c'est qu'il ne faut pas qu'elle fasse l'intervalle de *Quarte* contre le Dessus, à moins que cette Quarte ne soit préparée par en haut, et qu'elle ne se sauve ensuite par la Sixte ; ce n'est que contre la Basse que la partie peut faire une Quarte.

E X E M P L E.

Voyez la Tab. XI. Fig. 1. Pour le Contrepoint, et la figure 2 pour le renversement.

S E C O N D E M A N I È R E.

En faisant prendre aux parties le mouvement contraire, on les renverse de façon que le Dessus prenne la place de la Haute-Contre, la Haute-Contre celle de la Basse, et la Basse celle du Dessus. Les règles à observer ici pour les deux voix supérieures, sont les mêmes que celles qui ont été expliquées ci-devant *au §.* III. *article premier*, où je renvoie le lecteur pour ne pas répéter toujours la même chose. Par rapport à la *Quarte*, il faut éviter d'en faire *deux de suite* entre les deux parties supérieures, parce qu'elles deviennent autant de Quintes consécutives en se renversant. Pour l'usage de la Quarte, entre le Dessus et la Basse et entre les deux parties, on peut voir la table LIII, figure 4 et 5.

EXEMPLE.

Tab. XI. Fig. 3 et 4. C'est le commencement d'une *Fugue convertible*, établie sur le triple Contrepoint par mouvement contraire de cette dernière sorte, que je viens d'expliquer.

ARTICLE III.

Du Contrepoint par mouvement contraire à quatre parties.

§. I.ᵉʳ

On a vu, au premier article, comment d'un double Contrepoint par mouvement contraire, on peut faire un Quatuor. Il s'agit maintenant de faire une sorte de Contrepoint où toutes les quatre parties se distinguent les unes des autres, c'est-à-dire un *quadruple Contrepoint par mouvement contraire.*

§. II.

En renversant les parties on change le Dessus en Basse, la Basse en Dessus, la Haute-Contre en Taille, et la Taille en Haute-Contre.

§. III.

Il ne faut se servir que des intervalles consonnans, comme de ceux *de Tierce*, *de Sixte*, *d'Octave* et *de Quinte*. Pour *la Quarte* on peut l'employer sans risque *entre les deux parties moyennes*, et même, quoique préparée et sauvée, *entre la Basse et une des parties moyennes*. On peut voir, par les renversemens des exemples qu'on trouve à la table LIV, figure 1, 2, 3, comment on peut s'en servir plus commodément *entre le Dessus et une des parties mitoyennes*.

PREMIER EXEMPLE.

Tab. XII. Fig. 1, et Tab. XIII. Fig. 1. C'est le commencement d'une *Fugue convertible* établie sur le quadruple Contrepoint par mouvement contraire.

SECOND EXEMPLE.

Tab. XXXIII. Fig. 2. C'est un canon perpétuel que l'on trouve renversé par mouvement contraire à la figure 3. Le premier ordre des clefs, qu'on voit à la figure 2, désigne le renversement du canon dans les tons naturels ; et le deuxième en désigne le renversement dans les tons transposés. Dans l'un et l'autre renversement, la composition reste toujours sur les mêmes degrés, comme l'on peut voir en comparant la figure 2 avec la figure 3, et en lisant à rebours cette dernière figure.

CHAPITRE IV.

Du Contrepoint par mouvement rétrograde.

§. I.er

UNE composition faite de façon qu'elle puisse s'exécuter, non-seulement du commencement à la fin, mais encore de la fin au commencement, s'appelle *Contrepoint par mouvement rétrograde :* ce Contrepoint est ou *simple* ou *double.*

Simple, quand on fait prendre aux parties le mouvement rétrograde sans les renverser en même temps.

Double, quand on joint le renversement des parties à leur mouvement ré-trograde.

Le *double Contrepoint* rétrograde se fait ou *par mouvement semblable,* quand les parties, en se renversant, prennent le chant à rebours, mais par mouvement semblable ; ou *par mouvement contraire*, quand les parties, en se renversant, ne prennent pas seulement le chant à rebours, mais encore par mouvement contraire.

§. I I.

Je traiterai de toutes ces différentes sortes de Contrepoints, par mouvement rétrograde, en trois articles différens, après avoir fait encore remarquer que, pour faire un Contrepoint de la sorte, *il ne faut employer que des conson-nances.* Pour les intervalles dissonans, on ne peut se servir que *de la fausse Quinte* et *du Triton, de la Septième mineure, de la Dominante, de la Septième diminuée* et *de la Seconde superflue,* quoiqu'avec discrétion. Voyez la Tab. LIV. Fig. 4, 5, 6 et 7. Comme les notes régulières de la supposition se changent en irrégulières, et réciproquement, il vaut mieux se servir d'abord de la supposition irregulière que de la régulière, parce qu'on voit d'avance ce qui en résulte, au lieu qu'en faisant le contraire, il en peut résulter, dans la suite, une très-mauvaise harmonie. Pour ce qui est *des pauses, des points* et *tenues,* il faut pareillement faire attention de ne pas en mettre dans un endroit où on les trouveroit très-déplacés en prenant le chant à rebours.

ARTICLE PREMIER.

Article premier.

Du simple Contrepoint par mouvement rétrograde.

On vient de voir en quoi il consiste, et quelles règles il faut observer pour en composer un. En voici quelques exemples.

a) *A deux parties.*

Tab. XIII. Fig. 2 et 3. On peut faire rétrograder de la même manière la Fig. 3, Tab. XIII; de même que la Fig. 1 et 2, Tab. LI. Voyez encore la Tab. XXI. Fig. 7 et 8.

b) *A trois parties.*

Tab. XIV. Fig. 1 et 2.

c) *A quatre parties.*

Tab. XIV. Fig. 3 et 4.

Article II.

Du double Contrepoint par mouvement rétrograde et semblable.

a) *A deux parties.*

La règle est qu'il faut éviter la *Quinte*, parce qu'elle devient *Quarte* ou *Onzième*, et que le Contrepoint rétrograde n'admet pas une dissonance, au moins de cette espèce.

Voyez la Tab. LI. Fig. 1 et 2; et encore la Fig. 3 comparée avec la Fig. 4, Tab. XIII.

b) *A trois parties.*

Quand on ne renverse que les deux parties extrêmes, et qu'on laisse celle du milieu à sa place, on peut se servir *de la Quinte entre la Basse et la partie du milieu,* mais non pas entre les deux autres. *Deux Quartes de suite* ne peuvent se faire nulle part.

On trouve un exemple d'un Contrepoint de la sorte à la Fig. 4 et 5, Tab. LI.

Pour renverser les parties de façon que la partie du milieu devienne Basse, le Dessus partie du milieu et la Basse Dessus, il faut 1) éviter *la Quarte* entre le Dessus et la partie du milieu 2), il faut éviter *la Quinte* entre la Basse et la partie du milieu.

Un Contrepoint de cette espèce se voit à la Tab. LII. Fig. 1, (*a*) et (*b*).

c) *A quatre parties.*

La Basse devient ici Dessus, et le Dessus Basse ; la Haute-Contre devient Taille, et la Taille Haute-Contre. Il faut 1) éviter *deux Quartes de suite*, et 2) ne point faire une *Quinte* entre le Dessus et une des trois autres parties.

Voyez un exemple de ce Contrepoint à la Tab. LIII. Fig. 1, (*a*) et (*b*).

Traité de la Fugue. II.ᵉ Part.   25

A R T I C L E   I I I.

Du double Contrepoint par mouvement rétrograde et contraire.

Dans un Contrepoint de cette espèce les intervalles restent toujours les mèmes ; la Tierce reste Tierce, quoique renversée, la Sixte Sixte, et ainsi de suite : *il n'y a que des intervalles consonnans que l'on puisse employer ici.*

a) A deux parties.

Voyez la Tab. XIV. Fig. 5 et 6. Les clefs renversées qu'on trouve à la suite de la figure 5, servent à désigner les tons dans lesquels le renversement doit se faire ; on n'a qu'à tourner le livre et lire ensuite de la gauche à la droite, pour s'assurer du fait.

Quand 1) on n'emploie que la *Tierce*, la *Sixte* et l'*Octave*, en *évitant la Quinte*, et 2) qu'on ne se sert que du *mouvement contraire et oblique* pour l'harmonie, alors un Contrepoint de cette espèce n'admet pas seulement toutes *les quatre sortes de mouvement*, mais il peut encore être mis *à trois parties* par l'addition d'une partie à la Tierce. C'est suivant ces règles que l'exemple de la figure 1, tab. XVI est composé, lequel peut se transformer de *dix manières*, comme on le verra par la démonstration suivante :

1). Les deux thèmes qui forment le Contrepoint, se voient à la figure 1, tab. XVI, entre les deux parties supérieures.

2) Le renversement des deux thèmes se voit, à la même figure, entre les deux parties inférieures.

3) Les deux thèmes prennent le mouvement contraire à la figure 3.

4) Le renversement des deux thèmes, figure 3.

5) Les deux thèmes prennent le mouvement rétrograde, figure 5.

6) Le renversement des deux thèmes, figure 5.

7) Les deux thèmes prennent le mouvement contraire et rétrograde, figure 6.

8) Le renversement des deux thèmes, figure 6.

9) Le premier Trio par mouvement semblable, figure 2.

10) Le second Trio par mouvement contraire, figure 4.

b) A trois parties.

La partie du milieu reste à sa place, le Dessus se change en Basse, et la Basse en Dessus. *Il faut éviter la Quarte entre le Dessus et la partie du milieu.*

L'exemple de ce Contrepoint se trouve à la tab. XV, fig. 1 et 2.

c) A quatre parties.

Le Dessus devient Basse, et la Basse Dessus ; la Haute-Contre devient Taille, et la Taille Haute-Contre. Les règles de ce Contrepoint sont, *qu'il faut éviter la Quarte entre le Dessus et la Haute-Contre, et entre le Dessus et la Taille.*

PREMIER EXEMPLE.

Voyez la Tab. XV. Fig. 3 et 4.

SECOND EXEMPLE.

Tab. XV. Fig. 5. Par les clefs qui se trouvent à la suite de l'exemple, on verra comment il faut le renverser.

CHAPITRE V.

Du Contrepoint convertible de plusieurs manières et par plusieurs mouvemens.

Nous avons vu, dans la première partie de cet ouvrage, comment on peut changer, en Trio ou en Quatuor, un double Contrepoint à l'Octave, Dixième ou Douzième. Aux deux premiers chapitres de cette partie, nous avons remarqué qu'un Trio ou Quatuor composé de cette manière, se rapporte toujours à ces trois Contrepoints à-la-fois, à ceux à l'Octave, à la Dixième et à la Douzième. Par le chapitre troisième et quatrième, nous avons appris à faire des Contrepoints susceptibles de plusieurs mouvemens : il s'agit maintenant de joindre la pluralité des mouvemens à celles des Contrepoints. Pour le faire, *il faut composer un Trio ou Quatuor tout consonnant dans le Contrepoint égal, et en varier ensuite les sujets suivant les règles du Contrepoint inégal, en se souvenant alors de ce qui a été dit au chapitre du Contrepoint par mouvement rétrograde, au sujet de la tenue, du point et de la supposition.*

PREMIER EXEMPLE.

Tab. XVI. Fig. 9. C'est un Quatuor établi sur les trois Contrepoints, à l'Octave, Dixième et Douzième, fig. 13, 14, 15, et susceptible de tous les quatre mouvemens, fig. 9, 10, 11, 12 : on en trouve les sujets variés par mouvement rétrograde aux fig. 4, 5, 6 et 7, de la tab. IX.

SECOND EXEMPLE.

Tab. LII. Fig. 2. (*a*) Les deux parties supérieures, marchant par Tierces, se rapportent l'une à l'autre ; c'est un Trio établi sur les trois Contrepoints principaux, à l'Octave, Dixième et Douzième, comme on peut le voir aux lettres (*b*), (*c*) et (*d*). Pour distinguer les deux parties supérieures l'une de l'autre, on a varié celle qui fait le Bas-Dessus. A la lettre (*e*) l'exemple, prend le mouvement rétrograde ; à (*f*), il se renverse par mouvement contraire ; et à (*g*), par mouvement rétrograde et contraire.

TROISIÈME EXEMPLE.

Tab. XVII. Fig. 1, 3 et 4. Ce Quatuor se rapporte à quatre Contrepoints différens, à ceux à la Sixte, Octave, Dixième et Douzième. Je passe les mouvemens dont il est capable, chacun en pouvant faire l'essai lui-même. On peut encore distinguer, par des figures, les sujets de ce Contrepoint qui ne le sont point encore.

QUATRIÈME EXEMPLE.

Tab. XVII. Fig. 2, 5, 6. Comme le précédent.

CINQUIÈME EXEMPLE.

Tab. XVII. Fig. 7. Cet exemple se rapporte à toutes les sept espèces du double Contrepoint. On le trouve,

     1) A l'Octave, à la Fig. 8.

     2) A la Neuvième, Fig. 9.

     3) A la Dixième, Tab. XVIII, Fig. 1.

     4) A la Onzième,   —   Fig. 2.

     5) A la Douzième,   —   Fig. 3.

     6) A la Treizième,   —   Fig. 4.

     7) A la Quatorzième,   —   Fig. 5.

CHAPITRE VI.

CHAPITRE VI.

Du Canon.

§. I.ᵉʳ

Uɴᴇ pièce de musique, composée selon les règles de l'imitation canonique, s'appelle *Canon.*

§. I I.

Il y en a de plusieurs espèces. Pour les savoir toutes, il faut faire attention

a) Au nombre des parties.

Le canon peut être à *deux, trois* ou *quatre parties* et *davantage.*

b) Au nombre des solutions.

Il y a des canons qui n'admettent qu'une seule solution; il y en a qui en admettent davantage. Un canon qui admet beaucoup de solutions, de même que celui dont les parties montent à un nombre très-haut, s'appelle chez les anciens *Canon polymorphus*, dénomination grecque de πολος *beaucoup*, et μορφος *forma*, comme qui diroit un canon qui peut se former en bien des manières.

c) Au nombre des voix principales.

Ou il n'y a qu'une seule voix qui sert de règle aux autres, ou il y en a plusieurs. Un canon composé d'une seule voix principale, s'appelle *Canon simple*, tab. XLI. fig. 13. Un canon composé de plusieurs voix principales, s'appelle *Canon double, triple, etc.*, suivant le nombre de ses parties principales, tab. XLII, fig. 3. Le Dessus et la Taille sont ici les deux voix principales; la Basse répond au Dessus, et la Haute-Contre à la Taille.

d) Aux intervalles, par lesquels se fait la reprise.

Il y a des canons à l'Unisson,

à la Seconde ⎰ Supérieure.
⎱ Inférieure.

à la Tierce ⎰ Supérieure, (*in Epiditono.*)
⎱ Inférieure, (*Hypoditono.*)

à la Quarte ⎰ Supérieure, (*in Epidiatessaron.*)
⎱ Inférieure, (*in Hypodiatessaron.*)

à la Quinte ⎰ Supérieure, (*in Epidiapente.*)
⎱ Inférieure, (*in Hypodiapente.*)

Traité de la Fugue. II.ᵉ Part. 26

à la Sixte   {Supérieure.
                Inférieure.

à la Septième   {Supérieure.
                Inférieure.

à l'Octave   {Supérieure, *(in Epidiapason.)*
                Inférieure, *(in Hypodiapason.)*

Les canons à la Neuvième, à la Dixième, etc., se comptent au nombre de ceux à la Seconde, à la Tierce, etc. Quand dans un canon, à plusieurs parties, les différentes voix suivent les deux premières alternativement à l'Octave, c'est un *canon à intervalles égaux*, tab. XXXV, fig. 1 ; et quand ce n'est pas à l'Octave, mais par d'autres intervalles, c'est un canon *à intervalles inégaux*, tab. XXXIV, fig. 1.

> *e) A la durée de l'imitation.*

Tout canon se compose de façon, ou que la voix suivante répète le chant de la première en entier, et que pendant que l'une des parties finit, l'autre puisse recommencer le chant de nouveau ; ou il ne se compose pas de cette façon, la voix suivante ne répétant le chant de la précédente que jusqu'à une certaine distance marquée, et la pièce finissant par-là.

Un canon de la première sorte s'appelle *Canon perpétuel* ou *obligé*, (en Italien *canone infinito*), tab. XXVI, fig. 4 ; et le second s'appelle *canon libre* ou *non perpétuel (canone finito)*, tab. XXV, fig. 1.

Quand le canon perpétuel est composé de façon qu'à chaque reprise on change de ton, et qu'il fait faire, par conséquent, le tour des douze modes, on l'appelle *Canon circulaire, (canone cercolare)*, tab. XXXI, fig. 3.

> *f) A la figure des notes.*

Quand l'imitation des parties se fait par augmentation ou par diminution, il en résulte un *canon* par *augmentation* ou *diminution;* et cette *augmentation* ou *diminution*, peut être *double* ou *triple*, et davantage.

> *g) Au mouvement.*

Il y a des canons *par mouvement contraire*, *par mouvement rétrograde*, et *par mouvement rétrograde* et *contraire*.

> *h) A la qualité des parties.*

On fait des canons sur un *canto fermo*, tab. XXV, fig. 1 ; on en fait d'autres avec des *parties accessoires* à la Tierce, tab. XLII, fig. 1 ; on en fait encore avec une *partie* qui sert d'*accompagnement*, tab. XXXI, fig. 2.

i) Aux temps de la mesure.

On fait des canons *à contre-temps*, dans la classe desquels on peut aussi ranger ceux *par imitation interrompue.*

k) A la manière d'écrire le canon.

Ou l'on ne met par écrit que la voix principale du canon, pour en faire deviner les autres au lecteur, ce qui s'appelle **Canon fermé**, (en Italien *canone chiuso* ou *canone in corpo)*, tab. XXXV, fig. 2 ; ou l'on y joint toutes les autres voix consécutives en les mettant e n partition, ce qui s'appelle *Canon ouvert,* (en Italien *canone risoluto* ou *canone in partito)* , tab. XXXV, fig. 1.

Le canon fermé a une inscription ou n'en a pas ; quand il n'a point d'inscription, ou que celle qu'il porte n'est pas assez claire, quelques-uns l'appellent alors *canon énigmatique,* tab. LV, fig. 8, 9, 10 et 11.

Pour faire l'inscription du canon ,

1) Il faut indiquer le nombre des parties qui le composent et la distance du temps à laquelle elles doivent s'entresuivre. Cela se fait communément par le moyen d'un *certain signe* qu'on met au-dessus ou au-dessous des notes, sur lesquelles la seconde voix ou la troisième, etc, doit entrer. Voyez la Tab. XXX. Fig. 6 et 7.

2) Il faut marquer l'intervalle par lequel la seconde voix doit répondre à la première, si c'est à la Quarte ou à la Quinte, et notamment à la Quarte inférieure ou supérieure, etc. Cela se fait communément par *un chiffre* qu'on place auprès du signe que je viens d'expliquer. Si la réponse doit se faire par en-haut, on met le chiffre au-dessus du signe, et si c'est par en-bas, on le met au-dessous, tab. XXXV, fig. 7 et 8.

A la place de ces signes on emploie souvent *les clefs des différentes parties du canon*, que l'on met les unes après les autres suivant l'ordre de leurs entrées, sur la ligne où le canon est écrit ; mais il faut toujours choisir ces clefs de manière que toutes les voix en conséquence n'occupent que les mêmes degrés dans l'espace des cinq lignes. Par exemple, si le canon commence par le *si* de la troisième Octave, et que la seconde voix y doive répondre par la Quinte inférieure *mi*, la troisième par l'*ut*, par où commence la troisième Octave, et la quatrième enfin par le *fa* de la seconde Octave ; il faut prendre alors *ou* les clefs d'*ut* sur la première, troisième et quatrième ligne avec la clef de *fa* sur la quatrième ; *ou* la clef de *sol* sur la première ligne avec celles d'*ut* sur la première, deuxième et quatrième ; *ou* encore la clef de *sol* sur la deuxième ligne, celles d'*ut* sur la deuxième et troisième, et celle de *fa* sur la troisième ; c'est toujours la même chose. Pour marquer le temps de l'entrée, on peut joindre à chaque clef les pauses que la voix doit observer, et on peut indiquer par un chiffre placé au-dessus ou au-dessous de ces pauses , l'intervalle par lequel la reprise doit se faire. Voyez la Tab. LV. Fig. 4.

    3) Si la seconde voix doit répondre à la première par mouvement opposé , par diminution , par augmentation , à contre - temps , par imitation interrompue, etc. , il faut l'indiquer.

    4) Si le canon admet plusieurs solutions , il faut l'indiquer, soit par des paroles , soit par des clefs renversées à la suite du canon.

    5) Quand le canon n'est pas perpétuel , il faut mettre le signe du repos sur la note où la voix suivante doit finir.

§.   I I I.

Après avoir expliqué les différentes espèces de canons , je traiterai , dans les articles suivans , de la manière d'en faire un.

A r t i c l e   p r e m i e r,

Manière de faire un canon à l'Unisson en plusieurs parties.

On imagine une harmonie à autant de parties que l'on veut, et on la met en partition. Voyez, par exemple , la tab. XXVI, fig. 3 : on fait ensuite entrer ces différentes parties l'une après l'autre, comme à la fig. 4, et voilà le canon achevé. Il n'importe par quelle partie de l'harmonie on commence le canon, et en quel ordre les autres se suivent. Les intervalles restant toujours les mêmes, on n'est point du tout gêné du côté de l'harmonie , tout accord y pouvant trouver place ; mais par rapport aux entrées, il faut faire suivre les sujets de façon que jamais les règles d'un Duo n'y soient blessées ; car ce qui est bon ensemble , ne l'est pas toujours séparé. Encore une remarque, c'est que l'harmonie du canon ne doit contenir, tout au plus , que l'étendue d'une Douzième, pour qu'il puisse être commodément pratiqué.

Pour mettre ce canon sur une ligne , on y transcrit les sujets dans l'ordre qu'ils entrent l'un après l'autre. Le premier sujet fini, on met le signe de prise auprès de la note qui commence le second , et ainsi de suite ; et comme tous les canons de cette espèce sont perpétuels , on y ajoute des signes pour marquer par où on doit recommencer le canon. Ces signes sont communément *des points* qu'on met au commencement et à la fin du canon. Tout cela se verra plus clairement par les exemples suivans :

PREMIER EXEMPLE.

PREMIER EXEMPLE.

C'est le même canon à trois parties qui a déjà été allégué et qu'on trouve à la fig. 3 et 4, tab. XXVI.

DEUXIÈME EXEMPLE.

C'est un canon à trois parties dont la partition se voit à la fig. 6, tab. LI; on le trouve écrit sur une seule ligne à la fig. 7. C'est au premier signe que la seconde voix entre, et au second que la troisième le fait, toutes à l'Unisson. Les points mis au commencement et à la fin servent de renvoi pour recommencer le canon.

TROISIÈME ET QUATRIÈME EXEMPLE.

Tab. XXVI. Fig. 6, et Tab. XLVIII. Fig. 1. Les signes qu'on y trouve tiennent lieu d'explication.

CINQUIÈME, SIXIÈME, SEPTIÈME, HUITIÈME ET NEUVIÈME EXEMPLE.

Ces canons sont à quatre parties, et on les trouve

à la Tab. XXIX. Fig. 1.
Tab. XXVIII. Fig. 3.
Tab. XXX. Fig. 5.
— — Fig. 6.
— — Fig. 7.

DIXIÈME EXEMPLE.

Tab. XXXVII. Fig. 5. Canon à six parties.

ONZIÈME EXEMPLE.

Tab. XXXVIII. Fig. 2. Canon à douze parties.

REMARQUES.

Malgré les différens sujets qui composent un canon de cette espèce, il n'est réputé que *simple canon*, parce que pour écrire ces différens sujets, on n'a besoin que d'une seule portée de lignes, au lieu qu'il en faut deux et davantage pour un *double canon*.

Traité de la Fugue. IIe Part. 27

A R T I C L E   I I.

Manière de faire un canon à l'Octave en plusieurs parties.

On imagine une harmonie à autant de parties que l'on veut, on en règle les intervalles sur le triple ou quadruple Contrepoint à l'Octave, et on fait ensuite entrer l'un après l'autre les sujets qui la composent.

P R E M I E R   E X E M P L E.

Tab. I. Fig. 4 et 5. C'est à la fig. 4 qu'on voit en partition l'harmonie imaginée; et à la fig. 5, on la voit réduite en canon par l'addition de quelques notes pour faire la connexion.

S E C O N D   E X E M P L E.

Tab. VI. Fig. 4, et Tab. VII. Fig. 1. Il en est comme du précédent.

T R O I S I È M E   E X E M P L E.

Tab. XXIX. Fig. 2.

Q U A T R I È M E   E X E M P L E.

Tab. XXX. Fig. 8.

R E M A R Q U E S.

1) Quoiqu'un canon de cette espèce soit composé de différens sujets, on le compte pourtant au nombre des simples canons, parce qu'il ne faut qu'une ligne pour l'écrire, et qu'il en faut davantage pour un double canon.

2) Quand dans un canon de cette espèce les voix s'entre-suivent quelquefois à l'Unisson à la place de l'Octave, on fait cela pour que les parties ne s'éloignent pas trop l'une de l'autre. Au reste, il faut bien *distinguer un canon à l'Octave d'avec un canon à l'Unisson.*

Pour ce qui est du canon à l'Octave, où seulement quelques parties se répondent par l'Octave, et les autres par d'autres intervalles, nous en parlerons à l'article IV.

ARTICLE III.

Manière de faire un canon à l'Unisson, à la Seconde, Tierce, Quarte, Quinte, Sixte, Septième et Octave, en deux parties, par mouvement semblable et contraire, à temps égaux et à contre-temps, par imitation suivie et interrompue.

Voici la manière dont il faut s'y prendre pour composer des canons de cette espèce.

1) On imagine un chant de deux ou trois notes ou davantage, et on le met dans la partie qui doit commencer.

2) Ce chant se transpose dans la seconde partie, et se répète ou à l'Unisson ou à la Seconde supérieure ou inférieure,

à la Tierce	—	—
à la Quarte	—	—
à la Quinte	—	—
à la Sixte	—	—
à la Septième	—	—
à l'Octave	—	—

par mouvement semblable ou contraire, à temps égaux ou à contre-temps, par imitation suivie ou interrompue, selon le dessein qu'on se propose.

3) Cela étant fait, on retourne à la première voix dont on continue le chant, de façon qu'il s'accorde avec le chant de la seconde voix.

4) Le chant qu'on vient d'ajouter à la première voix se transpose dans la seconde; et c'est de cette façon qu'on continue, jusqu'à ce qu'on croie le canon assez long; si ce canon doit être perpétuel, c'est par la première voix qu'on le recommence, dès qu'il se trouve dans la seconde un intervalle convenable pour cet effet, c'est-à-dire, dès que l'harmonie le permet.

S'il arrive que les deux voix ne s'accordent pas ensemble, il faut toujours revenir à la première, et y changer un intervalle ou une progression.

a) Canons à l'Unisson.

PREMIER EXEMPLE.

Tab. **XIX.** Fig. 1. Canon perpétuel.

S E C O N D E X E M P L E.

Tab. XLV. Fig. 1. Ce canon n'étant pas perpétuel, on trouve sur la fin le signe de repos. Voyez *les XVIII Canons mélodieux ou VI Sonates en Duo par M. Teleman,* où l'on trouve de semblables exemples.

b) Canons à la Seconde supérieure et inférieure.
Tab. XIX. Fig. 2 et 3.

c) Canons à la Tierce supérieure et inférieure.
Tab. XIX. Fig. 4 et 5.

d) Canons à la Quarte supérieure et inférieure.
Tab. XIX. Fig. 6 et 7.
Tab. XVIII. Fig. 11.

e) Canons à la Quinte supérieure et inférieure.
Tab. XIX. Fig. 8 et 9.

f) Canons à la Sixte supérieure et inférieure.
Tab. XIX. Fig. 10 et 11.

g) Canons à la Septième supérieure et inférieure.
Tab. XIX. Fig. 12, et Tab. XX. Fig. 1.

h) Canons à l'Octave supérieure et inférieure.

P R E M I E R E T S E C O N D E X E M P L E.

Tab. XX. Fig. 2 et 3.
i) Canons par mouvement contraire.

P R E M I E R E X E M P L E.

Tab. XVIII. Fig. 8.

S E C O N D E X E M P L E.

— — Fig. 9.

T R O I S I È M E E X E M P L E.

— — Fig. 10.

Q U A T R I È M E E X E M P L E.

Tab. XX. Fig. 5.

C I N Q U I È M È E X E M P L E.

— — Fig. 6.

SIXIÈME EXEMPLE.

Tab. XLVII.

Dans l'article du *canon polymorphus* on trouvera encore d'autres exemples.

k) Canons à contre-temps.

Tab. XXXIX. Fig. 14, 15, 16 et 17.

l) Canons par imitation interrompue.

Tab. XXXIX. Fig. 10, 11, et Tab. XL. 20 et 21.

Tab. XLI. Fig. 9 et 10.

ARTICLE IV.

Manière de faire un canon à plusieurs parties par intervalles égaux et iné-gaux, par mouvement semblable et contraire et à contre-temps.

Pour composer un canon à plusieurs parties, voici la manière dont on s'y prend.

1) On commence par inventer un chant de deux ou trois notes.

2) Ce chant se transpose dans la seconde, troisième et quatrième voix, et se répète par la Quarte, par la Quinte ou par tel autre intervalle, par tel mouvement et par tel temps de mesure qu'on veut.

3) Cela fait, on rejoint la première partie pour en continuer le chant, lequel doit s'accorder à la seconde voix.

4) Ce chant ajouté se transpose dans les autres parties, et c'est de cette façon qu'on continue jusqu'à la fin. Si le canon doit être perpétuel, on le reprend par la première partie dès qu'il se présente dans la dernière partie, un intervalle contre lequel on puisse le faire commodément sans blesser l'harmonie. La seconde, troisième et quatrième voix, ect., suivent et reprennent le canon à proportion : voilà le canon achevé.

REMARQUES.

1) Pour rendre le canon capable de se renverser par mouvement contraire, etc., il faut éviter toute dissonance, en n'employant que l'accord parfait et celui de la Sixte.

3) On peut, sans crainte, doubler la Tierce dans l'accord parfait, de même que l'Octave dans l'accord de la Sixte, toutes les fois que le cas l'exige. Voici des exemples d'un canon de la sorte.

(A) *A intervalles égaux.*

PREMIER EXEMPLE.

Tab. XXVIII. Fig. 1. C'est un canon à la Quarte inférieure en trois parties ; la troisième répond par l'Octave inférieure.

SECOND EXEMPLE.

Tab. XXVII. Fig. 2. Canon à l'Octave et à la Quarte supérieure, en trois parties.

TROISIÈME EXEMPLE.

Tab. XXXV. Fig. 1. Canon à la Quinte inférieure en quatre parties ; la troisième se rapporte à la première, et la quatrième à la seconde.

QUATRIÈME, CINQUIÈME, SIXIÈME ET SEPTIÈME EXEMPLE.

Tab. XXXV. Fig. 2, 4, 5 et 8. Comme le canon précédent.

HUITIÈME EXEMPLE.

Tab. XXXV. Fig. 3. Canon à la Quinte supérieure en quatre parties ; la troisième se rapporte à la première, et la quatrième à la seconde.

NEUVIÈME ET DIXIÈME EXEMPLE.

Tab. XXXV. Fig. 6 et 7. Comme le canon précédent.

Tous ces canons admettent les quatre mouvemens. Nous en traiterons plus amplement à l'article du *canon polymorphus.*

ONZIÈME EXEMPLE.

Tab. XXXVI. Fig. 11. Canon à la Quinte inférieure en six parties ; la manière dont les voix entrent l'une après l'autre, se voit à la suite du canon.

DOUZIÈME EXEMPLE.

Tab. LIV. Fig. 10. Canon à contre-temps dont les trois parties s'entre-suivent l'une après l'autre à la distance d'une noire.

TREIZIÈME EXEMPLE.

Tab. XXXIV. Fig. 3. (*a*) C'est un canon à quatre parties d'une espèce singulière ; la seconde voix répond à la première par la Quarte supérieure et par mouvement contraire ; la troisième voix imite la première, et la quatrième, la seconde.

QUATORZIÈME EXEMPLE.

Tab. XXXVII. Fig. 3. Canon à huit parties et à deux chœurs, dont l'un répond à l'autre par mouvement contraire. Si l'on fait attention à la troisième et quatrième mesure, et que l'on regarde les parties dans l'ordre suivant: 1) la plus haute, 2) la septième, 3) la seconde, 4) la huitième, qui est la plus basse, 5) la troisième, 6) la cinquième, 7) la quatrième, et 8) la sixième partie ; on trouvera alors qu'elles s'entre-suivent toutes l'une après l'autre à la distance d'une noire, et que ce canon n'est alors qu'un canon à l'Unisson. Comme ce n'est que sur *le seul accord parfait majeur d'ut* que ce canon est établi, l'auteur l'appelle *Trias harmonica.*

QUINZIÈME EXEMPLE.

Tab. XXXVII. Fig. 4. Canon à huit parties et à deux chœurs, par mouvement contraire et à contre-temps. Il en est de celui-ci comme du précédent à l'égard de l'harmonie, n'étant établi que sur le seul accord parfait d'*ut* majeur.

(B) *A intervalles inégaux.*

Etant libre de faire que les différentes voix s'entre-suivent comme l'on veut, il seroit trop long d'en dénombrer toutes les manières possibles. En voici quelques-unes qui serviront de modèles à en inventer d'autres.

PREMIER EXEMPLE.

Tab. XLII. Fig. 1. (*b*) Canon à contre-temps en trois parties, lesquelles s'entre-suivent toutes par Quintes.

SECOND EXEMPLE.

Tab. XXXIII. Fig. 2. Canon à contre-temps en quatre parties, lesquelles s'entre-suivent de différentes façon ; à la fig. 3 on le voit renversé par mouvement contraire.

Pour faire un canon de cette espèce,

1) Il ne faut employer que des intervalles consonnans.

2) Il ne faut faire ni deux Tierces ni deux Sixtes de suite par mouvement semblable entre la première et la seconde partie.

3) Il faut observer le mouvement contraire et oblique.

TROISIÈME EXEMPLE.

Tab. XXXIV. Fig. 1. Comme le canon précédent.

QUATRIÈME EXEMPLE.

XXXIV. Fig. 2. Comme ci-devant à l'égard des intervalles dont les voix s'entre-suivent, mais non pas pour le temps de l'entrée.

CINQUIÈME EXEMPLE.

Tab. XXXVIII. Fig. 1. Canon à neuf parties, lesquelles s'entre-suivent toutes l'une après l'autre à la distance d'une Tierce inférieure.

Au reste, tous les canons circulaires dont nous traiterons séparément dans l'article suivant, sont du nombre de cette sorte de canons à intervalles inégaux, dont nous venons de voir des exemples.

ARTICLE V.

Manière de faire un canon circulaire.

(A) *A deux parties.*

Un canon de cette sorte se compose de la même manière qu'un canon ordinaire à deux parties, suivant les règles de l'article troisième, avec cette différence cependant,'qu'on en règle l'harmonie sur le Contrepoint à l'Octave, et qu'au lieu de répéter le canon par les mêmes intervalles, dont il a été entendu la première fois, on tourne le chant de façon que cette répétition puisse se faire la seconde fois par d'autres intervalles. Après avoir donc fixé la progression, au moyen de laquelle on veut faire le tour des douze tons, on recommence le canon par la première voix, dès qu'il se présente dans la seconde partie un intervalle, contre lequel on puisse le faire commodément suivant le plan que l'on a.

PREMIER EXEMPLE.

Tab. XLI. Fig. 12. C'est par une progression de Quinte en montant, et de Quarte en descendant, que ce canon parcourt les douze tons. La marque * sert à désigner la reprise du canon.

SECOND EXEMPLE.

Tab. XX. Fig. 7. C'est sur une progression de Quinte en descendant, et de Quarte en montant, que ce canon est établi.

TROISIÈME EXEMPLE.

TROISIÈME EXEMPLE.

Tab. XLI. Fig. 13. Le cercle se fait par une progression de Quarte en descendant.

QUATRIÈME, CINQUIÈME, SIXIÈME, SEPTIÈME ET HUITIÈME EXEMPLE.

Tab. XXXIX. Fig. 12 et 13.
Tab. XL. Fig. 22.
Tab. XLI. Fig. 1 et 2.

Tous ces canons sont par mouvement contraire. Les progressions, par lesquelles ils vont d'un ton à l'autre, sont différentes.

(B) A trois parties.

Un canon de cette espèce se compose comme le précédent , suivant les règles du Contrepoint à l'Octave. Quand la deuxième partie entre , on continue tout de suite le chant de la première , conformément aux règles de ce double Contrepoint, et lorsque la troisième partie paroît , on en use encore de la même manière. Le chant ajouté à la première voix , se transpose toujours à proportion dans la seconde et troisième voix, pendant que la première recommence le canon , quoique dans un autre ton suivant la progression fixée.

PREMIER EXEMPLE.

Tab. XXVI. Fig. 5. C'est par une progression de Quarte en montant, que se fait le tour des douze tons.

SECOND EXEMPLE.

Tab. XXVII. Fig. 1. Canon circulaire établi sur une progression de Quarte en descendant.

REMARQUE.

Quand dans un canon circulaire les parties montent trop haut ou qu'elles descendent trop bas, on renverse la progression , en changeant celle d'une Quarte en montant, dans une progression de Quinte en descendant , et ainsi réciproquement.

(C) A quatre parties.

Il y en a de plusieurs façons , comme on le verra par les exemples suivans :

Traité de la Fugue. IIe Part. 29

P R E M I E R E X E M P L E.

Tab. XXXI. Fig. 3.

S E C O N D E X E M P L E.

Tab. XXXII. Fig. 1.

T R O I S I È M E E X E M P L E.

Tab. XXXIII. Fig. 2.

Ces trois canons circulaires à quatre parties sont tous composés suivant le Contrepoint à l'Octave, et ils font tous le tour des douze tons de la même manière, par une progression de Quinte en montant, ou de Quarte en descendant.

Q U A T R I È M E E X E M P L E.

Tab. XXXIII. Fig. 1. C'est un canon d'un genre tout-à-fait nouveau. Sans le recommencer, après les quatre entrées, par un autre ton, la première partie n'en prend que la modulation ; les autres parties suivent à proportion, jusqu'à ce que le tour des douze tons soit fait, ensuite de quoi on peut recommencer le canon.

C I N Q U I È M E E X E M P L E.

Tab. XXXVI. Fig. 10. Si le ton se change, à chaque entrée, dans les exemples précédens, il ne se change ici que quand toutes les quatre entrées sont faites ; le canon se fait d'abord entendre, en son entier, dans le ton principal, et ce n'est que sur la fin qu'on en transpose le chant dans un autre ton.

S I X I È M E E X E M P L E.

Tab. XXXVII. Fig. 1. Comme le précédent.

S E P T I È M E E X E M P L E.

Tab. LV. Fig. 7. Encore de la même manière.

ARTICLE VI.

Manière de faire un canon par augmentation et diminution.

§. I.er

Il en coûte aussi peu de faire un canon non perpétuel par augmentation, qu'il est difficile de faire un canon perpétuel de cette espèce. Nous commencerons donc par le premier.

§. II.

Pour faire *un canon perpétuel par augmentation*, on s'y prend de la manière qui suit :

a) On invente un chant de quelques notes qui doivent être d'un mouvement un peu vif.

b) Ce chant se transpose dans la voix suivante au moyen de l'augmentation, soit par mouvement semblable ou contraire, soit à temps égal ou à contre-temps, par imitation suivie ou interrompue, à l'Unisson ou à l'Octave, à la seconde ou à la Tierce, Quarte, Quinte, Sixte ou Septième.

c) Cela fait, on revient à la première voix dont on continue le chant de façon qu'elle fasse harmonie contre l'autre.

d) Ce chant, ajouté à la première voix, se transpose de la même manière que le précédent dans la seconde partie, et c'est de cette façon que l'on continue jusqu'à la fin. Le canon étant prêt, on l'écrit sur une portée de lignes, en marquant, par le signe de repos, la note par laquelle l'imitation doit finir, le reste du chant de la première voix ne servant que d'accompagnement. Ce reste de chant en question s'appelle pour l'ordinaire *Queue*, en Italien *Coda*. Souvent on ajoute encore à la seconde voix une espèce de queue ; mais alors on ne sauroit écrire ce canon sur une seule ligne.

PREMIER EXEMPLE.

Tab. LV. Fig. 5.

SECOND EXEMPLE.

Tab. LV. Fig. 6. On remarque encore ici l'imitation par mouvement contraire.

Tab. XX. Fig. 8. Canon qui peut être renversé à l'Octave. On en voit le commencement à la Fig. 9.

§. I I I.

Quand le *canon* doit être *par double augmentation*, on fait entrer la troisième voix, lorsque la deuxième a répété le chant de la première jusqu'à l'endroit du chant où elle est entrée. A l'égard de l'harmonie, il faut qu'elle soit toujours *consonnante*, du moins entre les deux premières parties.

E X E M P L E.

Tab. XXVII. Fig. 3. Pour mettre ce canon sur une ligne, on l'écrit en son entier tel qu'on le voit dans la portée supérieure au Dessus. Le dernier signe de repos marque la fin de la simple augmentation, et le premier marque celle de la double.

O B S E R V A T I O N.

Quand on règle l'harmonie du canon par simple augmentation sur le Contre-point à la Dixième, en évitant de faire deux Tierces ou deux Sixtes de suite par mouvement semblable, et en observant le mouvement contraire et oblique, on peut changer ce canon en *Trio* par une *partie accessoire à la Tierce*; et en faisant la même chose à l'égard du canon par double augmentation, on peut le changer en *Quatuor*.

E X E M P L E.

Tab. XXX Fig. 1. La troisième voix entre par mouvement contraire. C'est à la Fig. 2 qu'on voit ce canon changé en Quatuor par l'addition d'une Tierce; il est en même-temps renversé à l'Octave.

§. I V.

Si le *canon* doit être *par triple augmentation*, il faut faire entrer la quatrième voix, quand la troisième a répété le chant de la première jusqu'à l'endroit où elle est entrée. Pour l'harmonie, elle doit être consonnante, du moins entre les trois premières parties.

E X E M P L E.

Tab. XXX. Fig. 3. Ce canon n'est pas fini, et peut encore être continué; outre l'imitation par mouvement contraire, il faut encore remarquer celle à la Septième.

§. 5.

§. V.

Pour ce qui regarde *les canons perpétuels par augmentation*, on n'en trouve qu'à *deux parties*. Comme dans un canon de cette espèce la première voix achève deux fois son cercle, pendant que la seconde ne le fait qu'une fois, il faut donc arranger l'harmonie de façon que la première voix puisse s'accorder deux fois avec la seconde : voilà la seule règle qu'on puisse donner pour un canon de cette espèce.

PREMIER EXEMPLE.

Tab. XLI. Fig. 11. L'augmentation des notes se fait par mouvement semblable.

SECOND EXEMPLE.

Tab. XXI. Fig. 3. L'augmentation des notes se fait par mouvement contraire.

TROISIÈME EXEMPLE.

Tab. XXI. Fig. 5. Comme le précédent.

QUATRIÈME, CINQUIÈME, SIXIÈME, SEPTIÈME ET HUITIÈME EXEMPLE.

Tab. XXXIX. Fig. 8.
Tab. XL. Fig. 16, 17 et 18.
Tab. XLI. Fig. 7.
Tous ces canons peuvent se changer en *Trio* par l'addition d'une partie à la Tierce.

§. V I.

D'un canon par augmentation on en fait un *par diminution* en le faisant seulement commencer par un autre endroit ; savoir , par celui où le chant d'augmentation précède celui de diminution. Voyez, par exemple, le canon d'augmentation par mouvement contraire, à la fig. 5, tab. XXI. Dans la huitième mesure de ce canon on voit deux marques ; c'est-là que les deux parties se rencontrent , et que la Basse a un chant que le Dessus imite par diminution ; mais c'est par cet endroit du canon qu'il faut commencer à l'écrire, s'il doit avoir l'air d'un canon par diminution. Voyez la Fig. 6, de la même Tab. XXI. Il en est de même du canon à la Fig. 4 et de celui à la Fig. 1 ; celui-ci dérive du canon par augmentation , dont on voit le commencement à la Fig. 2, et l'autre dérive du canon qu'on trouve à la Fig. 3.

A R T I C L E V I I.

Du Canon rétrograde.

§. I.ᵉʳ

Le canon rétrograde se compose communément à voix paires , c'est-à-dire, ou à deux ou à quatre parties , etc. Tout canon rétrograde à deux est *simple*, parce qu'une seule ligne suffit pour l'écrire, et tout canon rétrograde à quatre est *double*, parce qu'il faut deux lignes pour l'écrire, et ainsi de suite.

§. I I.

Pour faire un *canon rétrograde à deux par mouvement semblable* , il faut s'y prendre de la manière suivante :

1) Après avoir fixé le nombre des mesures que le canon doit avoir, on fait un Contrepoint rétrograde à deux parties de la moitié du nombre de ces mesures ; par exemple , si le canon doit être de huit mesures, on fait un Contrepoint de quatre mesures et ainsi de suite.

2) Après quoi on écrit les deux parties sur une ligne , et cela de façon que la partie supérieure fasse le commencement, et que la partie inférieure la suive à rebours : voilà le canon achevé. Pour le pratiquer , l'un chante ou joue du commencement à la fin , et l'autre chante ou joue de la fin au commencement. En répétant le canon , chacun retourne sur ses pas ; celui qui commençoit par la fin , chante à présent du commencement à la fin , et celui qui débutoit par le commencement, chante à présent de la fin au commencement.

PREMIER EXEMPLE.

Tab. XIII. Fig. 2. C'est de ce Contrepoint rétrograde , dont on voit la preuve à la fig. 3 que se compose le canon à la fig. 5.

SECOND EXEMPLE.

Tab. XIII. Fig. 4. Pour écrire ce canon sur une ligne , on peut opter entre la partie supérieure ou inférieure ; c'est la même chose : ici on le voit tel qu'il doit être exécuté. Les cinq premières mesures en contiennent le fondement.

TROISIÈME EXEMPLE.

Tab. XXI. Fig. 7. Le Contrepoint sur lequel ce canon est établi, est renfermé dans les quatre premières mesures , et contient une imitation à l'Octave inférieure.

QUATRIÈME EXEMPLE.

Tab. XXI. Fig. 8. Les dix premières mesures de ce canon en contiennent le Contrepoint, dans lequel on remarque l'imitation des parties.

CINQUIÈME EXEMPLE.

Tab. XXII. Fig. 1. Canon par augmentation.

SIXIÈME, SEPTIÈME, HUITIÈME ET NEUVIÈME EXEMPLE.

Tab. XXIII. Fig. 1 et 2.

Tab. XVI. Fig. 7 et 8. Ce sont des canons rétrogrades fermés, dont il n'est pas difficile de trouver la solution.

§. III.

Un canon rétrograde à deux parties par mouvement contraire, se fait de la même manière que le canon précédent, avec cette différence qu'il en faut régler l'harmonie sur le double Contrepoint rétrograde par mouvement contraire.

PREMIER EXEMPLE.

Voyez la Tab. LV. Fig. 1. Pour le Contrepoint. Le canon qui y est contenu peut s'écrire des deux façons suivantes :

On commence par mettre par écrit la partie supérieure, quoique à rebours et par mouvement contraire. L'ayant fait, on écrit aussi la partie inférieure, mais sans en changer le mouvement, c'est-à-dire, telle qu'elle se trouve dans la partition : voilà la *première façon* d'écrire un canon de cette espèce, tab. LV. Fig. 2.

La *seconde façon* consiste à écrire d'abord la partie inférieure, quoique par mouvement contraire et à rebours. On y ajoute ensuite la partie supérieure, sans en changer cependant le mouvement, c'est-à-dire, telle qu'elle se trouve dans la partition, Tab. LV. Fig. 3.

De quelle manière que l'on écrive, il faut avoir l'attention de mettre au commencement de la ligne une clef convenable, et d'en mettre une autre, quoique renversée, à la fin.

La solution de ce canon se voit à la tab. XXII. fig. 2.

SECOND EXEMPLE.

Tab. XIV. Fig. 7. Deux personnes qui se tiennent vis-à-vis l'une de l'autre, peuvent chanter ce canon sur la même ligne.

TROISIÈME EXEMPLE.

Tab. XV. Fig. 6. Comme le précédent.

§. I V.

Le *double canon par mouvement rétrograde à quatre parties*, se compose selon les règles du Contrepoint rétrograde à quatre parties ; on fait un Contrepoint de cette sorte d'autant de mesures que l'on veut. Pour le canon qui y est contenu, on le met sur deux lignes de la manière qui suit : On commence par écrire le Dessus sur la ligne d'en-haut, et on y ajoute ensuite sur la même ligne la Haute-Contre ,quoique à rebours ; cela fait, on écrit la Taille sur la ligne d'en-bas, et puis on y ajoute la Basse sur la même ligne quoique à rebours : voilà le canon fait et écrit.

E X E M P L E.

Tab. XXIX. Fig. 4. On ne doit d'abord envisager que les quatre premières mesures de cet exemple : elles nous présentent un Contrepoint rétrograde à quatre parties. Regardez à présent les deux parties supérieures en entier ; toutes les quatre parties du Contrepoint y sont continues, et c'est de cette façon qu'il faut l'écrire pour le mettre sur deux lignes. Pour en avoir la solution, et pour savoir de quelle manière il doit être exécuté en qualité de canon, il faut regarder le tout.

Pour les doubles canons d'un autre genre, j'en traite dans l'article suivant.

Article V I I I.

Manière de faire un double canon.

Il est question de savoir d'abord si le double canon doit être perpétuel ou non ; s'il doit être perpétuel, il n'y a que des intervalles consonnans qu'on puisse employer ; s'il ne doit pas être perpétuel, on peut employer telle harmonie que l'on voudra : voici la manière dont il faut s'y prendre pour composer un double canon.

1) On invente un chant de quelques notes, et on le transpose dans la voix qui doit répondre à la première. Cette transposition peut se faire en toute sorte de mouvement, et par tel intervalle que l'on veut.

2) On

2) On invente ensuite un nouveau chant, qu'on donne à la troisième voix, et que l'on fait répéter par la quatrième.

3) Toutes ces entrées faites, on repasse à la première et seconde partie, pour y continuer le canon.

4) Puis on continue le canon entre la troisième et quatrième partie, et voilà comme on en use jusqu'à la fin.

Quand on fait garder le silence à une des parties principales pendant quelque temps, il faut que l'autre partie imite exactement le temps de ce silence.

PREMIER EXEMPLE.

Tab. XLIII. Fig. 1. Le premier canon est entre la Basse et la Haute-Contre, et le second entre la Taille et le Dessus. Les imitations se font à l'Octave supérieure et par mouvement semblable.

SECOND EXEMPLE.

Tab. XLII. Fig. 3. Comme les sujets des deux canons se répètent à la manière de la Fugue périodique, nous ferons une analyse de cet exemple. Le premier canon est à la Quarte inférieure entre le Dessus et la Basse, et le second canon est à la Quinte supérieure entre la Taille et la Haute-Contre.

(*a*) Premier canon.

(*b*) Second canon. Cette marque * sert à désigner une imitation d'un certain passage qui s'y fait entre les quatre parties.

(*c*) Nouveau sujet qui se travaille entre les deux voix du milieu.

(*d*) Nouveau sujet qui se travaille entre les deux voix extrêmes.

(*e*) Les deux voix mitoyennes prennent le premier canon en le renversant à l'Octave.

(*f*) Les deux voix extrêmes prennent le chant qu'on a vu à la lettre (*c*) entre les parties du milieu, et le renversent à l'Octave.

(*g*) Le premier canon rentre, quoique transposé dans un autre ton.

(*h*) Rentrée du second canon tel qu'il commençoit à la lettre (*b*).

(*i*) Les deux voix du milieu prennent encore une fois le premier canon par renversement à l'Octave.

(*k*) Passage relatif à celui de la lettre (*d*), qu'on travaille entre les quatre voix jusqu'au signe de repos, après quoi l'imitation des parties cesse et le canon finit.

TROISIÈME EXEMPLE.

Tab. XXXVII. Fig. 2. C'est un canon perpétuel, par mouvement contraire, entre les quatre parties inférieures, celle d'en-haut ne servant que d'accompagnement.

A R T I C L E I X.

Manière de faire un canon à deux parties, lequel puisse se changer en Trio ou Quatuor.

Pour faire un canon de cette espèce, il faut faire tout ce qui a été enseigné dans la première partie aux articles du Contrepoint à l'Octave, à la Dixième et à la Douzième, au sujet d'un Contrepoint de cette espèce, c'est-à-dire,

1) Il ne faut employer que des consonnances ;
2) On observe le mouvement contraire et oblique ;
3) On évite de faire deux consonnances imparfaites de suite, si la composition doit être mise à quatre parties ; car si elle ne doit être qu'à trois, on peut bien faire deux Sixtes de suite.

PREMIER EXEMPLE.

Tab. XXIII. Fig. 3. Canon par mouvement contraire à la Quinte supérieure, établi sur le Contrepoint à l'Octave.

SECOND EXEMPLE.

Tab. XXIII. Fig. 4. Canon à contre-temps par mouvement semblable ; la composition se rapporte au Contrepoint à l'Octave.

TROISIÈME EXEMPLE.

Tab. XXX. Fig. 4. Canon à l'Octave supérieure par mouvement contraire ; la composition se rapporte au Contrepoint à la Douzième.

QUATRIÈME EXEMPLE.

Tab. XXXIV. Fig. 3. (*c*) Les voix principales sont le Dessus et la Haute-Contre ; la composition se fonde sur le Contrepoint à la Dixième.

CINQUIÈME EXEMPLE.

Tab. XXXI. Fig. 1. Comme le précédent.

SIXIÈME EXEMPLE.

Tab. LIX. Fig. 11. *Aux planches de la première partie.* Les deux voix extrêmes sont les voix principales ; la composition est établie sur le Contrepoint à la Douzième, comme on le voit par le renversement de ce canon.

ARTICLE X.

Manière de faire un canon sur un CANTO FERMO *, ainsi que pour en faire un avec une partie d'accompagnement.*

§. I.er

Le *canon sur un* CANTO FERMO est une des plus difficiles espèces de canon, et l'on fera bien de ne s'en occuper que quand on saura bien toutes les autres. On en trouve une si prodigieuse quantité de règles dans les *Documenti Armonici de Berardi*, que l'on en est effrayé ; et après tout elles ne peuvent servir. que dans certains cas, lesquels étant changés elles ne valent plus rien. La principale règle est, *qu'il faut toujours avoir les yeux sur deux notes à-la-fois du* canto fermo, *tant à l'égard de la première que de la seconde voix du canon* : voici quelques exemples d'un canon de cette espèce, qui, quoi qu'ils ne soient pas fort harmonieux, ne laisseront pas de montrer, mieux que les règles, la façon dont il en faut user pour en faire.

Tab. XXIII. Fig. 5. Canon à l'Unisson sur le *canto fermo* qu'on trouve à la Basse.

Tab. XXIII. Fig. 6. Comme le précédent, excepté que la deuxième entre un peu plus tard.

Tab. XXIV. Fig. 1 et 2. Ce sont des canons *à la Seconde* inférieure et supérieure.

Tab. XXIV. Fig. 3. Canon à la *Tierce inférieure.*

Tab. XXIV. Fig. 4 et 5. Canons *à la Quarte* inférieure et supérieure.

Tab. XXIV. Fig. 6 et 7. Canons à la *Quinte supérieure.*

Tab. XXV. Fig. 1 et 2. Canons à la *Sixte inférieure* et *supérieure.*

Tab. XXV. Fig. 3 et 4. Canons *à la Septième* inférieure et supérieure.

Tab. XXVI. Fig. 1 et 2. Canons à *l'Octave* inférieure et supérieure.

§. I I.

Pour *les canons avec accompagnement*, il y en a de *perpétuels* et *non-perpétuels :* voici des exemples de l'une et l'autre espèce.

Tab. XXXVII. Fig. 7. Canon perpétuel à l'Unisson , et dont on voit l'accompagnement à la fig. 6.

Un canon de cette espèce se compose de la même façon qu'un canon ordinaire à l'Unisson en plusieurs parties ; on prend ensuite une de ces parties, n'importe laquelle , pour servir d'accompagnement.

S E C O N D E X E M P L E.

Tab. XXXI. Fig. 2. Canon perpétuel à l'Octave , composé sur un triple Contrepoint à l'Octave. C'est de la même manière qu'on peut changer en canons le triple et quadruple Contrepoint, qu'on voit à la Tab. V. Fig. 2 et 3 ; on y ajoute seulement quelques notes pour faire la connexion.

T R O I S I È M E E X E M P L E.

Tab. XLVIII. Fig. 2 , et Tab. LIX. C'est un canon non-perpétuel à l'Unisson avec accompagnement : à mesure que le canon se fait, l'on y ajoute d'abord l'accompagnement.

A R T I C L E X I.

Du Canon polymorphus.

On a vu ci-dessus ce que c'est qu'un canon polymorphus : en voici des exemples.

P R E M I E R E X E M P L E.

Tab. XXII. Fig. 3. C'est un canon à l'Unisson par mouvement contraire ; à la Fig. 4, il se renverse à la Douzième ; à la Fig. 5 , il prend le mouvement rétrograde ; et à la Fig. 6, on en voit le renversement à la Douzième·

S E C O N D E X E M P L E.

Tab. XXXIV. Fig. 3. (*a*) (*b*) (*c*).

T R O I S I È M E E X E M P L E.

Tab. XLII. Fig. 1. (*a*) et (*b*).

Q U A T R I È M E E X E M P L E.

Tab. XXXVIII. Fig. 3. Canon à neuf chœurs en 36 parties.

PREMIER CHOEUR.

PREMIER CHOEUR.

La *Basse* et la *Taille* commencent en même temps, la Basse telle qu'on la voit, la Taille à la *Douzième supérieure* et *par mouvement contraire;* la *Haute-Contre* entre, après le silence d'une ronde, par l'Octave supérieure , et le *Dessus* entre en même temps , mais *par la Douzième supérieure* et *par mouvement contraire.*

SECOND CHOEUR.

La Basse et la Taille entrent à-la-fois comme précédemment , mais après une pause de deux rondes ; la Haute-Contre et le Dessus en font autant , mais après une pause de trois rondes.

TROISIÈME CHOEUR.

La Basse et la Taille entrent après une pause de quatre rondes ; la Haute-Contre et la Basse après cinq rondes.

QUATRIÈME CHOEUR.

La Basse et la Taille entrent après six rondes , et la Haute - Contre et le Dessus après sept rondes.

CINQUIÈME CHOEUR.

La Basse et la Taille entrent après huit rondes, et la Haute - Contre et le Dessus après neuf rondes.

SIXIÈME CHOEUR.

La Basse et la Taille entrent après dix rondes, la Haute-Contre et le Dessus après onze rondes.

SEPTIÈME CHOEUR.

La Basse et la Taille entrent après douze rondes ; la Haute - Contre et le Dessus après treize rondes.

HUITIÈME CHOEUR.

La Basse et la Taille entrent après quatorze rondes ; la Haute - Contre et le Dessus après quinze rondes.

N E U V I È M E C H O E U R.

La Basse et la Taille entrent après seize rondes ; la Haute-Contre et le Dessus après dix-sept rondes.

C I N Q U I È M E E X E M P L E.

Tab. XLII. Fig. 2. Canon *par augmention* et qui peut se transformer *de quarante manières*, pouvant être employé *huit fois* comme *Duo*, *dix - sept fois* comme *Trio*, et quinze fois comme *Quatuor* ; il suffira de rapporter les *huit Duos* qui en proviennent, chacun pouvant y ajouter des parties à la Tierce, Dixième ou Sixte, pour en faire des Trios et des Quatuors.

1) La solution du canon se fait *à l'Octave inférieure* ; toutes les deux voix commencent à-la-fois ; l'inférieure qui imite *par augmentation*, finit par la dernière note de la troisième mesure, pendant que la supérieure se termine en même temps par les deux dernières notes de la dernière mesure : cette solution est le fondement de tous les changemens suivans de ce canon.

2) On renverse à l'Octave la solution précédente.

3) On la renverse à la Dixième supérieure.

4) On la renverse à la Dixième inférieure.

5)
6) Ces quatre derniers Duos résultent des quatre précédens, en faisant
7) prendre aux parties le mouvement contraire, sans cependant les ren-
8) verser : on les commence toujours par les intervalles des canons dont ils dérivent.

S I X I È M E E X E M P L E.

Tab. XXXVIII. Fig. 4. *Berardi* appelle ce canon *Nœud de Salomon ;* et *Kircher* l'appelle *Labyrinthe ;* il est composé pour *quatre-vingt-seize voix à vingt-quatre chœurs.* Il en est de ce canon, tant à l'égard de la solution que de l'harmonie, comme de celui à la fig. 3 qui a été expliqué au troisième exemple.

S E P T I È M E E X E M P L E.

Tab. XXXVIII. Fig. 5. Canon susceptible de plus de *deux mille* solutions, et sur lequel *Valentini* a écrit un assez grand livre *in-folio*, sous le titre de *Canoni musicali. In Roma* MDCLV.

H U I T I È M E E X E M P L E.

Tab. XXXV. Fig. 5. Canon à la Quinte inférieure. Comme il n'importe par quelle note on commence le canon, et qu'il est composé de sept mesures, il s'en suit qu'il peut se changer *quatorze fois* à l'égard du commencement. Voyez la fig. 9 depuis la lettre (*a*) jusqu'à (*o*). Quand on change ensuite les temps du canon, en rendant faux ceux qui sont bons, et en rendant bons ceux qui sont faux, comme à la Fig. 10, et que l'on en use ensuite à l'égard du commencement comme auparavant, on gagne encore *quatorze autres changemens* de ce canon, ce qui fait en tout *vingt-huit changemens.* A la Fig. 6, on le voit *renversé par mouvement contraire*, d'où il résulte un *canon à la Quinte supérieure*, lequel admet pareillement les *vingt-huit changemens* expliqués.

Quand on altère un peu les notes par supposition, on peut renverser le canon par mouvement rétrograde, d'où il provient un canon *à la Qninte supérieure*, lequel admet également les *vingt-huit changemens* en question: voyez la Fig. 7.

En renversant le canon précédent par mouvement contraire, comme à la Fig. 8, on en reçoit un *à la Quinte inférieure*, capable de se changer *vingt-hnit fois* comme les précédens: voilà donc *cent douze changemens* en tout.

Aux Fig. 11, 12, 13 et 14, on voit *quatre nouvelles solutions* du canon, lesquelles se peuvent changer pareillement *cent douze fois* : voilà *deux cents vingt-quatre* changemens.

Aux Fig. 1, 2, 3 et 4, tab. XXXVI, on découvre *quatre nouvelles solutions;* il en est comme des précédentes à l'égard du changement : voilà donc *trois cents trente-six changemens.*

Aux Fig. 5 et 6, tab. XXXVI, on voit deux nouveaux canons, dont chacun peut se changer vingt-huit fois. Ces *cinquante-six changemens ajoutés* aux autres, font *trois cents quatre-vingt-douze changemens.*

Aux Fig. 7, 8 et 9, on voit *trois canons à contre-temps*, qui donnent *quatre-vingt-quatre changemens :* voilà donc *quatre cents soixante-seize changemens.*

Les dernières solutions du canon se voient enfin à la Fig. 10, tab. XXXVI, et à la Fig. 1, tab. XXXVII: voilà en tout *quatre cents soixante-dix-huit changemens.*

NEUVIÈME EXEMPLE.

Tab. XXXIX. Fig. 1. Dans ce *canon polymorphus* les voix peuvent s'entre-suivre, non-seulement par tous les intervalles, mais encore par tous les quatre mouvemens à contre-temps, par imitation interrompue, par augmentation et diminution, à deux, trois et quatre parties.

(A)   A aeux parties.

1) *A l'Unisson et à l'Octave.* Tab. XXXIX, depuis la Fig. 1 jusqu'à 13; les renversemens des Fig. 1, 2, 3 et 4, y compris: voilà *dix-sept changemens.*

2) *A la Seconde et Septième.* Tab. XXXIX. Fig. 14, 15, 16 et 17, et les Fig. 1, 2 et 3, tab. XL. Ces sept figures, y compris les renversemens, donnent *onze changemens*, et onze et dix-sept en font *vingt-huit.*

3) *A la Tierce et Sixte.* Depuis la Fig. 4, Tab. XL, jusqu'à la Fig. 2, Tab. XLI. Pour avoir les solutions du canon à la Sixte, on renverse la Fig. 16, Tab. XL, et la Fig. 2, Tab. XLI. Ces *vingt-trois* figures, y compris les deux renversemens, ajoutées aux changemens précédens, en font maintenant *cinquante-un.*

4) *A la Quarte et Quinte.* Voyez la Fig. 3, Tab. XLI jusqu'à la Fig. 10. Ces huit figures, ajoutées aux précédentes, font monter le nombre des changemens à *cinquante-neuf.*

Les canons qu'on voit 1) à la Fig. 5, Tab. XXXIX; 2) à la Fig. 6; 3) à la Fig. 7; 4) à la Fig. 1, Tab. XL; 5) à la Fig. 2; et 6) à la Fig. 3, peuvent tous être changés *en sept manières*, comme aux Fig. 1, 2, 3 et 4, Tab. XXXIX. Ces *six fois sept changemens*, ajoutés aux autres, en donnent *cent un.*

Les canons qu'on voit 1) à la Fig. 13, Tab. XL; 2) à la Fig. 15; 3) à la Fig. 4, Tab. XLI; 4) à la Fig. 5; et 5) à la Fig. 6, peuvent tous être changés en six manières, comme la Fig. 4 de la Tab. XL, se change aux Fig. 6, 7, 8, 9, 10 et 11. Ces *cinq fois six changemens*, ajoutés aux autres, en donnent en tout *cent trente-un.*

(B)   A trois parties.

Tous ces Duos peuvent se changer en Trios par l'addition d'une Tierce; exceptez-en les Fig. 1, 2, 3 et 4, Tab. XXXIX, avec leurs renversemens. On aura donc *cent vingt-trois canons à trois parties*, qui en font, avec les autres, *deux cents cinquante-quatre* en tout. Quand on change ensuite les Tierces en Dixièmes, on gagne encore *cent vingt-trois changemens*; et quand on change les Tierces en Sixtes, on en gagne encore *cent vingt-trois* autres. Ces *deux cents quarante-six* changemens, ajoutés aux deux cents cinquante-quatre, donnent en tout *cinq cents changemens.*

(C)   A quatre parties.

(C) *A quatre parties.*

Les Quatuors dérivent des Trios, en y ajoutant une quatrième partie à la distance d'une Tierce, Dixième ou Sixte. Je n'ai pas examiné de combien de Quatuors le canon peut être susceptible, je laisse cela aux curieux ; cependant à n'envisager que ces exemples, on diroit presque que tous en sont susceptibles. Supposé qu'il n'y en eût que trois cents, voilà un nombre de *huit cents chan-gemens.*

ARTICLE XII.

Manière de déchiffrer un Canon.

§. I.er

Il faut que celui qui entreprend de déchiffrer un canon, se connoisse déjà un peu à ce genre de composition, et sur-tout qu'il connoisse toutes les espèces d'imitation ; s'il ne réussit pas à résoudre le canon, après en avoir fait l'essai de toutes les manières possibles, c'est une marque que le canon est faux, et qu'il n'est pas susceptible de solution ; mais voyons la chose de plus près.

§. II.

J'exige d'abord que la voix principale soit exactement écrite. **La mesure de** l'air se trouve assez facilement, quand elle n'est pas marquée ; et il en est de même des clefs, s'il n'y en a point. Le nombre des parties se retrouve encore le même ; et par les différentes épreuves qu'il faudra faire, on verra facile-ment si le canon est susceptible de plus d'une solution ou non, ect. Nous avons donc à faire ici à un canon qui se présente sans clef, sans mesure et sans les autres signes d'inscription ; moins il y manque de ces signes, moins le canon est caché.

§. III.

La première chose qu'il faut faire, c'est de donner une clef aux notes, les mettre en mesure, et les écrire dans le ton le plus naturel ; ensuite on com-mence à essayer toutes les huit sortes d'imitation, celle à l'Unisson, à la Seconde, à la Tierce, à la Quarte, à la Quinte, à la Sixte, à la Septième et à l'Octave, en-haut et en-bas : on essaie ces imitations par mouvement semblable et contraire, par mouvement rétrograde et rétrograde contraire, dans un temps égal ou à contre-temps, après la pause d'une ronde ou davantage, d'une blanche, noire, croche, etc., par augmentation et diminution, et par imitation interrompue.

Traité de la Fugue. II.e Part.   33

§. IV.

Après avoir déchiffré une partie du canon, ce qui se connoît quand elle s'accorde avec la partie principale, il ne sera pas difficile d'en trouver les autres, s'il en admet plusieurs.

§. V.

C'est par la connexion qu'on connoît si le canon est perpétuel ou non-perpétuel, et par le Contrepoint, s'il peut être augmenté des parties à la Tierce, ou s'il peut être renversé par mouvement contraire, ou s'il admet plusieurs solutions, ect.

§. VI.

Voilà tout ce qu'on peut dire de la méthode de déchiffrer un canon. Outre une connoissance de tous les tours possibles d'harmonie, il faut du temps et de la patience. A la Tab. LV. Fig. 8, 9, 10 et 11, on trouvera *quatre canons fermés*, sur lesquels un curieux peut essayer ses forces. Il n'y a peut être que celui à la fig. 10 qui soit un peu difficile ; les autres se déchiffreront sans peine, et l'on peut commencer par ceux-là ; quiconque n'a jamais déchiffré des canons aisés, n'en déchiffrera jamais de difficiles.

CHAPITRE VII.

De la Fugue vocale.

§. I.ᵉʳ

On compose la Fugue vocale ou *sans* ou *avec des instrumens obligés*.

§. II.

Quand *les instrumens ne sont pas obligés*, on les fait aller à l'Unisson des voix, c'est-à-dire, le premier violon va avec le Dessus, le second violon avec la Haute-Contre, la Quinte avec la Taille ; les haut-bois, si l'on y en ajoute, vont avec les violons : voilà la première manière en même temps la plus naturelle de placer les instrumens.

§. I I I.

Mais on ne se contente pas aujourd'hui de cette manière de disposer les parties; on fait souvent aller le premier violon à l'Octave supérieure de la Haute-Contre, le second violon à l'Unisson du Dessus, et les Quintes, tantôt à l'Unisson, tantôt à l'Octave supérieure de la Taille ; c'est cependant par cette disposition qu'il arrive que non‑seulement deux parties fassent des Octaves perpétuelles l'une contre l'autre : cette disposition fait faire encore deux ou plusieurs Quintes de suite, quand deux parties du chant procèdent par Quartes.

§. I V.

C'est pour cette raison que plusieurs compositeurs se sont avisés d'une troisième manière de disposer les instrumens, pour garder un milieu entre la première et la seconde manière ; elle consiste à ajouter des flûtes, et à les faire aller à l'Octave supérieure de la Taille et de la Haute-Contre, pendant que les violons et les haut-bois s'unissent aux voix en marchant à l'unisson avec elles.

§. V.

Si la Fugue doit être *à instrumens obligés*, il faut composer les parties instrumentales en même temps que celles de la voix, et non pas attendre que toutes les places de l'harmonie soient déjà occupées. A l'égard de la manière de composer le chant instrumental, comme cela peut se faire de différentes façons, soit en inventant un passage commode pour établir là‑dessus un *Contrapunto perfidiato*, soit en faisant des imitations relatives à celles des voix, etc., il est plus facile de se mettre au fait de cela par des bonnes partitions que par des règles.

§. V I.

Pour ce qui regarde les paroles d'une Fugue, il vaut mieux se servir de la prose que de la poésie, étant plus aisé et plus naturel de composer une Fugue sur un *Kyrié, Credo, Magnificat, Pseaume, etc.*, que sur un *Hymne*. En composant sur des paroles en vers, il faut toujours suivre les règles de la déclamation, et non pas celles de la scansion ; par exemple, les trois syllabes de *datum est*, ne doivent pas être changées en *dat' est;* mais que l'on compose en prose ou en vers, il est de conséquence d'observer par-tout l'accent de la déclamation, et de prendre garde aux syllabes longues et brèves.

§. V I I.

Quand on est obligé de traîner un mot par le moyen d'une roulade, il faut
bien prendre garde que ce ne soit pas sur un *i* ou un *u*, n'y ayant que les
voyelles *a*, *e* et *o* qui y soient propres; mais il faut encore éviter ces roulades
tout au commencement d'une Fugue, à moins que ce ne soit sur des paroles
de peu de mots, comme sur le *Kyrië éleison*, *Amen*, etc.; en faisant des
roulades, on doit toujours se souvenir que l'on écrit pour la voix, et non pas
pour des instrumens.

§. V I I I.

Il faut que le chant d'une partie ne s'étende tout au plus que jusqu'à la
Douzième; il est donc de conséquence de choisir un ton commode pour le
sujet que l'on veut traiter, ou plutôt il faut régler le sujet sur le ton.

§. I X.

Quand le sens des paroles est fini, soit en partie, soit en entier, il faut que
la dernière syllabe vienne en frappant; la même chose doit s'observer, quand
on fait taire une partie pendant quelque temps. Il y a cependant des cas où
l'on ne sauroit suivre cette règle à la rigueur; mais ce qu'il y a à observer,
sans exception, en faisant garder le silence à une partie, c'est qu'il faut que
le silence se fasse toujours sur une note qui ne fait pas une dissonance contre
une autre.

§. X.

Dans une double Fugue, où chaque sujet a ses propres paroles, il faut que
toutes les parties finissent par les mêmes mots en terminant la pièce.

§. X I.

Par les exemples qu'on trouve à la Tab. XLII. Fig. 3, et Tab. XLIII. Fig. 1,
Tab. XXVIII. Fig. 1, on peut voir de quelle façon on emploie le canon à la
musique d'église; on y peut encore ajouter le canon libre de la Tab. XLIV.
Fig. 1. Voici au reste *l'analyse d'une Fugue vocale* : la Fugue se voit à la
Tab. XLVI., et elle pourra nous servir à différentes fins, étant *vocale*,
par mouvement contraire et *à trois sujets*: la Basse instrumentale va tantôt
séparément et tantôt à l'Unisson de la Basse vocale.

(a) Premier sujet.

(*a*) Premier sujet.

(*b*) Le même par mouvement contraire.

(*c*) Second sujet.

(*d*) Premier sujet par mouvement semblable , servant de réponse à (*a*).

(*e*) Second sujet par mouvement contraire.

> Remarquez le mouvement contraire que les deux sujets prennent aux lettres (*d*) et (*e*), en comparaison de (*b*) et (*c*), sans se renverser en même temps.

(*f*) Premier sujet par mouvement contraire, servant de réponse à (*b*).

(*g*) Second sujet par mouvement semblable, servant de réponse à (*c*).

(*h*) Premier sujet par mouvement semblable.

(*i*) Second sujet par mouvement contraire , servant de réponse à (*e*).

> Remarquez le renversement, par mouvement contraire , des deux sujets à (*i*) et (*h*) en comparaison de (*b*) et (*c*). Les marques qu'on voit près de la lettre (*i*) dans le Dessus, et près de la lettre (*e*) dans la Basse, désignent la diminution par laquelle ces voix font entendre le commencement du second sujet.

(*k*) Premier sujet par mouvement contraire.

(*l*) Second sujet par mouvement semblable.

(*m*)
(*n*)
(*o*) Les voix introduisent successivement le troisième sujet par imitation
(*p*) canonique.
(*q*)
(*r*)

(*s*)
(*t*)
(*u*)
(*v*) Rentrées des deux premiers sujets abrégés et en entier : on remarque
(*w*) ici le changement de la modulation.
(*x*)
(*y*)
(*z*)

(*aa*) Premier sujet.

(*bb*) Second sujet.

(*cc*) Imitation étroite du second sujet.

(*dd*) Premier sujet.

(*ee*) Troisième sujet.

(*ff*) Second sujet abrégé.

(*gg*) Troisième sujet.

C'est la deuxième section de la Fugue.

$\left.\begin{array}{l}(hh)\\(ii)\\(kk)\\(ll)\end{array}\right\}$ Troisième sujet.

(*mm*) Premier sujet.

$\left.\begin{array}{l}(nn)\\(oo)\end{array}\right\}$ Premier et second sujet.

Remarquez le changement de la modulation.

$\left.\begin{array}{l}(pp)\\(qq)\end{array}\right\}$ Imitation étroite du premier sujet.

$\left.\begin{array}{l}(rr)\\(ss)\end{array}\right\}$ Imitation abrégée du troisième sujet contre le premier.

$\left.\begin{array}{l}(tt)\\(uu)\end{array}\right\}$ Troisième sujet.

(*vv*) Premier sujet.

C'est la troisième section de la Fugue.

$\left.\begin{array}{l}(ww)\\(xx)\\(yy)\\(zz)\end{array}\right\}$ Imitation du troisième sujet en partie et en entier.

Remarquez le *point d'Orgue.*

$\left.\begin{array}{l}(A)\\(B)\\(C)\end{array}\right\}$ Imitation du troisième sujet.

(*D*) Premier sujet.

$\left.\begin{array}{l}(E)\\(F)\\(G)\\(H)\end{array}\right\}$ Autre imitation du troisième sujet sur un *point d'Orgue.*

C'est la quatrième section de la Fugue.

FIN DE LA SECONDE ET DERNIÈRE PARTIE.

TABLE ALPHABÉTIQUE DES MATIÈRES
DE LA PREMIÈRE PARTIE.

Traité de la Fugue. II.ᵉ Part.

T.

TABLE ALPHABÉTIQUE

DES MATIÈRES

DE LA SECONDE PARTIE.

FIN.

TRAITÉ

de la Fugue

ET DU

CONTREPOINT

PAR

Marpourg

Planches de la Premiere Partie.

731

Fig. 1.
2.
3.
4.
5.
6.
7.
8.
9.
10.
11.
12.
13.
14.
15.
16. Leuthard
tr
tr

Fig. 1.
2.
item.
3.
item.
4.
5.
6.
7.
8.
9.
3

TABLE III.
Fig. 1. Simple double triple
3. Theil
2 Simple double triple
4.
5.
6.
tr
7.
8.
tr
Renversem.t
tr
9. Pebusch
Fin 1. Coupl.
Dacapo
2. Coupl.
Marpourg 1ere Partie
731

TABLE. IV.

Fig. 1. Graun L'ancien
2. idem.
tr
3. Quantz
D.C.
Marpourg 1ere Partie
731

Fig. 1 Riedt
2. Leclair
3. idem.
tr
tr
4. Graun L'ancien
5. idem.
Marpourg 1ere Partie
731

Fig. 1. Graun le Jeune
2. Leclair
3. Graun le Jeune
4. Riedt
Marpourg 1ere Partie
731

TABLE VII.

TABLE VIII.

Marpourg 1ere Partie

731

TABLE X.
11
Fig .1 Bach
2. Eberlin
Réponse
Sujet
tr
tr
tr
3. Bach
4. Muffat
5. idem
Marpourg 1ere Partie
731

TABLE XI

Marpourg 1ere. Partie

TABLE XII.

Fig.1. Bach
2. Händel
3. Muffat
4. Graupner
5. Muffat
6. idem
7. idem
Marpourg 1ere. Partie
73!

Fig. 1. Muffat
2. Eberlin
3. Telemann
4. Bach
5. Walther
6. Händel
7. Muffat
Marpourg 1ere. Partie

Fig. 1. Eberlin
2. Bach
Sujet
Réponse
3. Muffat
4. Bach
ou
5. Muffat
Marpourg 1ere Partie
731

16
Fig. 1. de Mattheson
Sujet
2. Scheibe
3.
Réponse
4. Leuthard
5.
6. Sujet
Réponse
7. Sujet
8.
Réponse
9. de Mattheson
10. Sujet
Réponse
11. Rameau
12. item.
13
14.
Marpourg 1ere Partie

TABLE XVI.
17
Fig. 1.
2.
3.
4.
5. Sujet
Réponse
6.
7.
8. de Mattheson
9.
Marpourg 1ere Partie
731

TABLE XVII.

TABLE XVIII.

TABLE XIX.

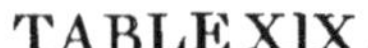

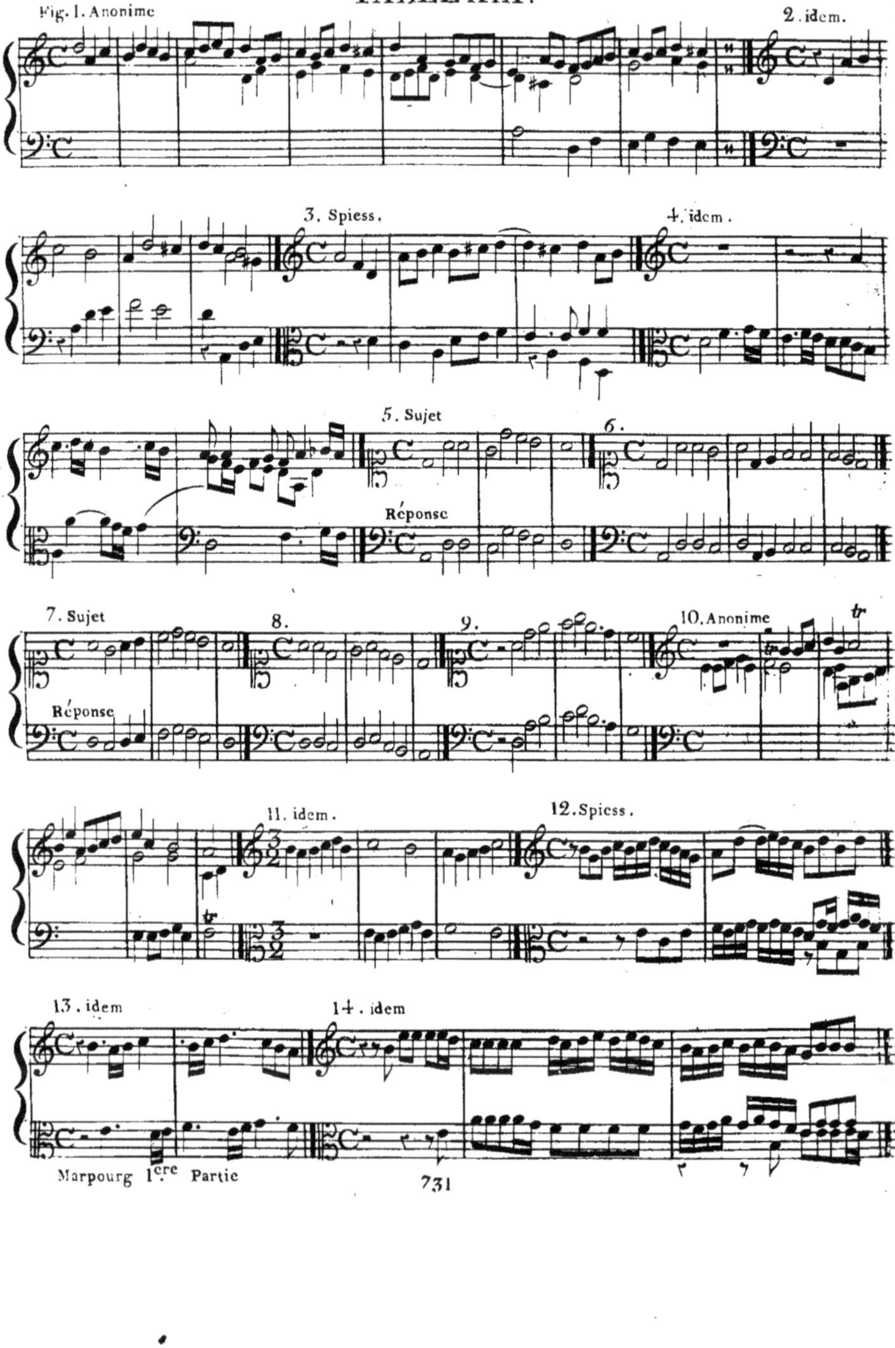
Fig. 1. Anonime
2. idem.
3. Spiess.
4. idem.
5. Sujet
Réponse
6.
7. Sujet
Réponse
8.
9.
10. Anonime
tr
11. idem.
12. Spiess.
13. idem
14. idem

TABLE XX.

Marpourg 1ere Partie

TABLE XXI.

Fig. 1. Anonime
2. idem
3. Werkmeister
Sujet idem
Réponse
4. Sujet idem
5. idem
6. idem
ou bien
Réponse
ou bien
7. Sujet idem
8. idem
9.
10. idem
Réponse
11. idem
12. idem
13. Spiess.
14. idem
Sujet
Réponse
15. idem
16. idem
17. idem
18. idem
Sujet
Réponse
19. idem
20. idem
22. idem
23. idem
21.
tr
tr
24. idem
25. idem
26. idem

Fig . 1. Danglebert
TABLE XXII.
2.Masson.
23
3. Bach
4 . Eberlin
5 . Bach
6 . Muffat
Marpourg 1ere Partie
731

24
Fig. 1. Kirnberger
Sujet
Réponse
2. Muffat
3. Kuhnau
4. Fux
5. Eberlin
6. Hurlebusch
7. Händel

Marpourg 1ere Partie

26
Fig. 1. Teleman
Sujet
Réponse
2. Frescobaldi
3. Bach
4. idem Sujet
Réponse
5. Fux
6. idem
7. idem
8. Muffat
Marpourg 1ere. Partie
731

Fig.1. Rameau
2.idem
3. idem. Sujet
4. idem
5.Leuthard
Sujet
Réponse
Réponse
6.
7 de Mattheson
Sujet
ou
Réponse
ou
8.idem Sujet
9.
Réponse
ou
tr
10. idem
11
12. Leuthard
Sujet
Réponse
13.
14.
15.
16.
ou
17.
18.
19.Battiferri

Fig .1. Pachelbel
2.
3. Muffat
Sujet
Réponse
4. Leuthard
ou
5.
6. Porpora
tr
tr
ou
7. Boivin.
8. Leuthard
9. idem
10. Muffat.
Marpourg 1ere Partie

TABLE XXVIII.

30
TABLE XXIX
Fig. 1 Boivin
2. Hurlebusch
3. Telemann
4. Frescobaldi
Marpourg 1ere Partie
731

TABLE XXX

Marpourg 1^{cre} Partie

Fig.1. 2. 3. 4. 5. 6. 7. it 8. it 9. 10. 11.
12.(a) (b) (c) (d) (e) (f) (g) (h) (i) (k) (l) (m)
(n) (o) (p) (q) (r) (s) (t)
(u) (v) (w) (x) Spiess.
Fig.13. Kirnberger Fig.14 Fig.15
Fig.16 Fig.17 Fig.18
Fig.19 Fig.20 Fig.21 Fig 22.
Marpour 1ᵉʳᵉ Partie

Fig.1.de Mattheson
TABLE XXXII.
Fig.2.
Fig.3
Fig.4
Fig.5
Fig.6
Fig.7.
Fig.8
Fig.9
Fig.10
Fig.11
Fig.12
Fig.13
Fig.14
Fig.15
Fig.16
Fig.17
Fig.18
Fig.19
Fig.20
Fig.21
Fig.22 de Mattheson
Marpourg 1ere Partie
731

TABLE XXXIII

Fig. 6. idem

TABLE XXXIV.

36
18. 19. 20. 21. 22. the. 23. 24. 25. 26.
the.
the.
the.
27. 28. 29. 30. 31. 32. 33. 34.
the.
the.
the.
the.
the.
35. the. 36. 37. the.38. 39. 40. 41.
the.
the.
the.
the.
42. 43. 44. the.45. the.46. 47. 48. 49. 50.
the.
the. the.
the.
Marpourg 1ere. Partie
731

Fig. 1. Muffat
Fig. 2
Fig. 3. Buxtehude
Fig. 4. Battiferri
Fig. 5. Frescobaldi
(1)
(2)

TABLE XXXVI.

Fig. 3. Bach
TABLE XXXVII.
Fig. 1. Pebusch
Marpourg 1ere Partie
731
V.S.

TABLE XXXVIII.

Marpourg 1ère Partie

731

Marpourg 1ᵉʳᵉ Partie

TABLE XL

Bach
(a)
(b)
(c)
(1)
(2)
(d)
(e)
(f)
(2)
(g)
(h)
(1)
(i)
(k)
(1)
(1)
(l)
(m)
(n)
(o)
(1)
(1)
(2)
Marpourg 1ere Partie
731

Marpourg 1ere Partie

Leclair
(a)
(b)
(c)
(d)
(e)
(f)
(g)
(h)
(i)
(k)
(l)
(m)
(n)
(o)
(p)
(q)
(r)
(s)
(t)

48
(ll) (mm) (nn) tr (oo)
tr
(1)
(pp) (qq) (rr) (ss)
(tt) (uu) (vv) (w w)
(1)
(2)
(xx) (yy) (zz) (aa)
tr
Canons. Kirnberger.
(1) à deux
TABLE XLIII.
(2) à deux
Marpourg 1ere Partie
731

49
(3) à deux
(4) à quatre
5 à quatre
(6) à quatre
(7) à quatre
(8) à quatre
(9) à six
(10) à six
(11) à quatre
(12) à quatre
(13) à quatre
TABLE XLIV.
Canones auctoris
(1) à deux
(2) à trois
(3) à quatre
(4) à quatre
(5) à deux
(6) à quatre
Marpourg 1ere Partie
731
V.S

7. à trois
8. à quatre
9. à quatre
10. à quatre
11. à quatre
14. à cinq
12. à quatre
15. canon Polymorphus
13. à neuf Triades Harmonicae

TABLE XLV.

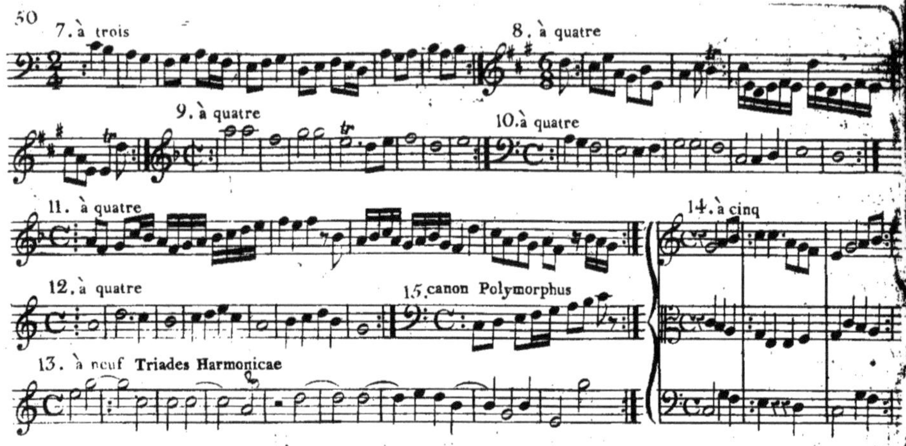

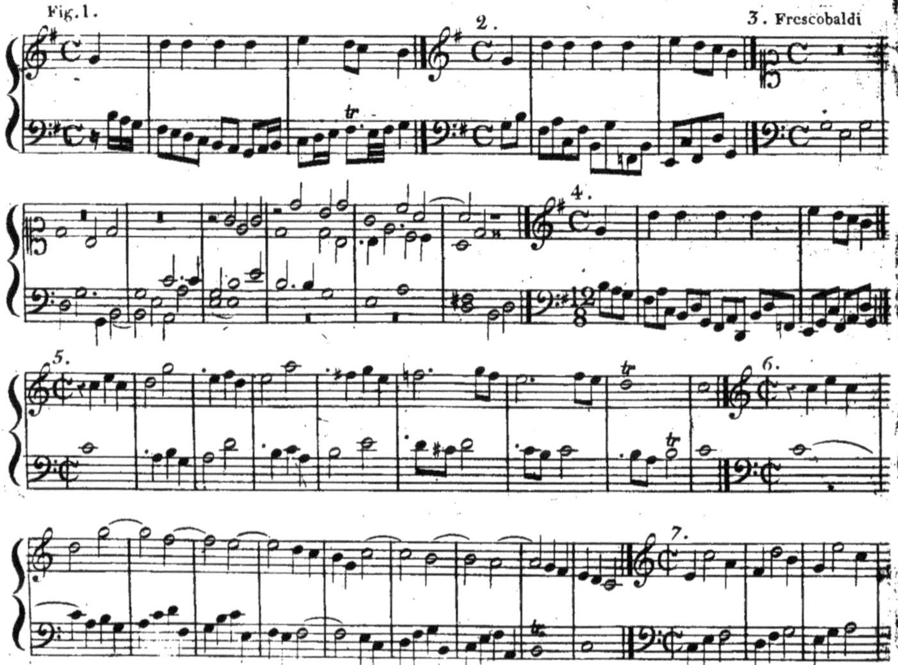
Fig. 1.
2.
3. Frescobaldi
4.
5.
6.
7.

TABLE XLVI.
Fig 1. le Begue
2. Gerlach

TABLE XLVII.

Marpourg 1ere Partie

Fig. 2.
TABLE XLVIII.
Fig.1.
2
3

Fig. 4
5
Pédale

TABLE XLIX.

Fig. 1 Bach
tr
à L'octave Inférieure
tr
2 idem
Forte
tr
Piano
Pédale

TABLE L.

TABLE LI.
Fig. 1.
2.
3. Kreising
4.
Renversem.t
Renverse.t
Renverse.t
Renverse.t
Renverse.t
Marpourg 1.ere Partie
731.

5 idem
Renvers!
TABLE LII.
Fig.1. Kreising
Renvers!
Renvers!
2. 3. 4. 5. 6. 7. 8. 9.
Renvers!
10. 11. 12.
Renvers!
13. 14. Bach
Renvers!
tr
tr

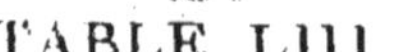
58
Fig.1.
2.
3.
4.
5.
6.
7
8
9
Renvers.t
10. Bach
11. Spiess.
tr.
12. idem.
Marpourg 1.ere Partie
731

TABLE LIV.

Fig.1.
Renverse! à la 2de.
Renvers! à la 9.e
Transp. et Renvers!
Transp. et Renvers!
Renvers!
Renvers!
Renvers!
Renvers!
Transp. et Renvers!

TABLE LV.

Marpourg 1ere Partie

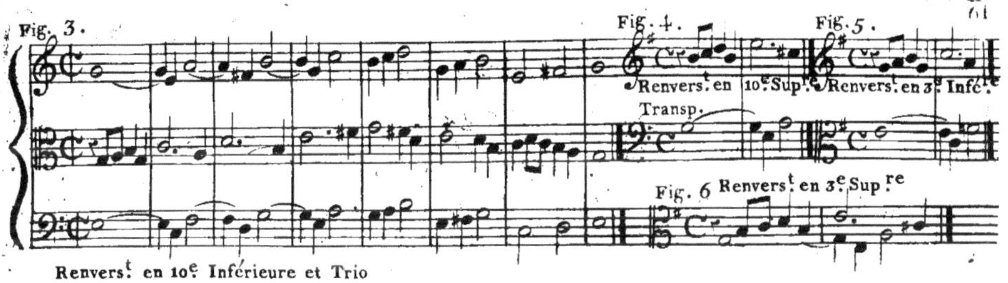

Renversᵗ en 10e Inférieure et Trio

TABLE LVI.

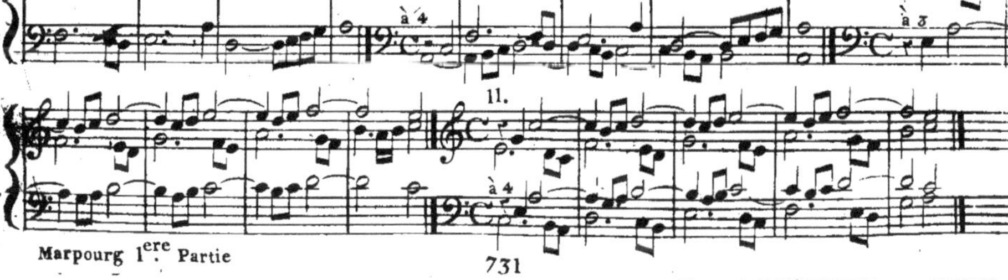

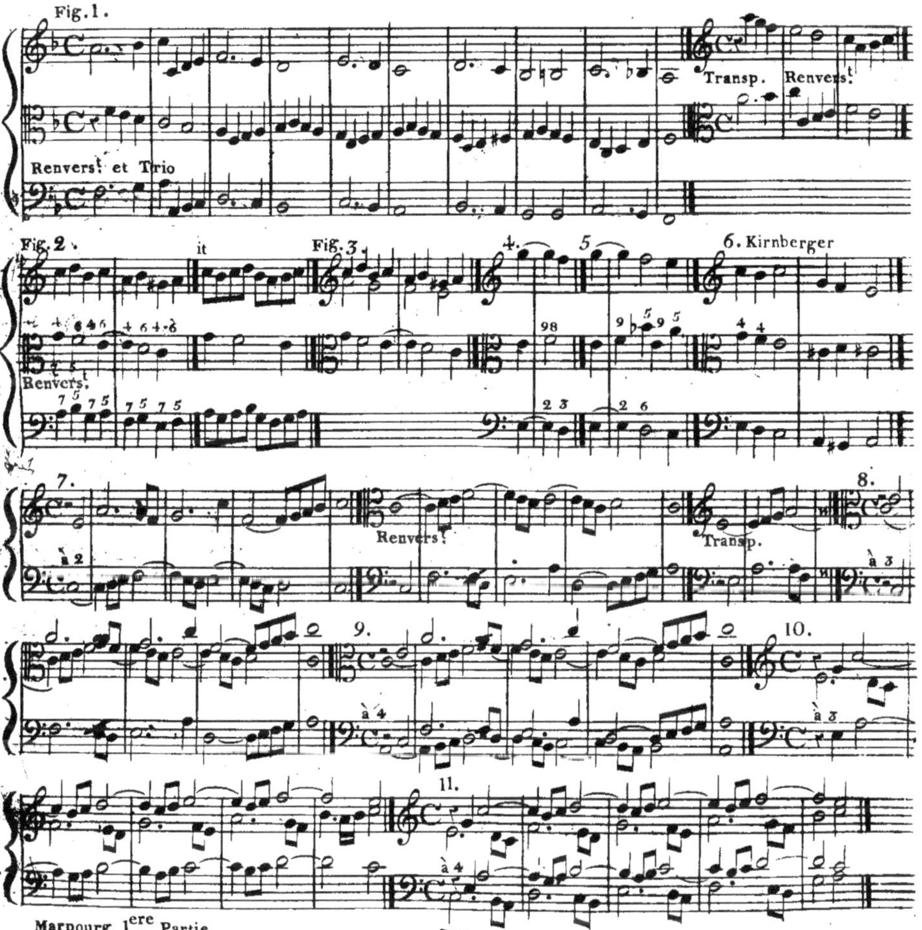

62
Fig.1.
2.
3.
4.
5.
6.
7.
8.
9.
10.
11.
12.
Renverst
Renverst
13.
14.
15.
16.
17.
18.
19.
20.
21.
22.
23.
Marpourg 1ère Partie

Fig. 1.
Renvers.
2.
3.
4.
5.
tr
6.
Renvers.
tr
Renvers.
7.
3
6
3
7
8.
9.
10.
11.
5
6
8
6
5
6
8
7
5
7
8
7
5
6

12. Kosolowsky
13. Kirnberger
TABLE LIX.
Fig. 1.
2.
3. Scheibe
Renvers.t
Renvers.t
5.
6.
7.
8.
9.
10.
11. canon
12.
Marpourg 1ere Partie

731

TABLE LX.

Renvers!
Fig.1.
TABLE LX.
Renvers!
Marpourg
Fin de la 1.ere Partie.
731

Traité

DE LA FÛGUE

ET DU

Contrepoint

PAR

MARPOURG.

Planches de la Seconde Partie.

68 Fig.1

TABLE 1.

Marpourg 2.° Partie

69
Fig.6
2.th.
3.th.
1.th. Kirchoffii
tr
Fig.7
1.th.
2.th.
3.th.
tr
TABLE 11.
Fig.1
3.th.
1.th.
2.th.
Fig.2
1.th.
2.th.
3.th.
Fig.3
3.th.
1.th.
Fig.4
2.th.
2.th.
1.th.
Fig.5
1.th.
Kirchoffii
3.th.
Fig.6
3.th.
2.th.
1.th.
3.th.
2.th.
Fig.7
2.th.
3.th.
1.th.
Fig.8
3.th.
1.th.
2.th.
cet
Marpourg 2.e Partie
731
V.S.

Fig. 9
2.th.
3.th.
1th.
Fig. 10
3.th.
2.th.
1.th
Fig 11
2.th.
3.th.
1.th.

TABLE III.

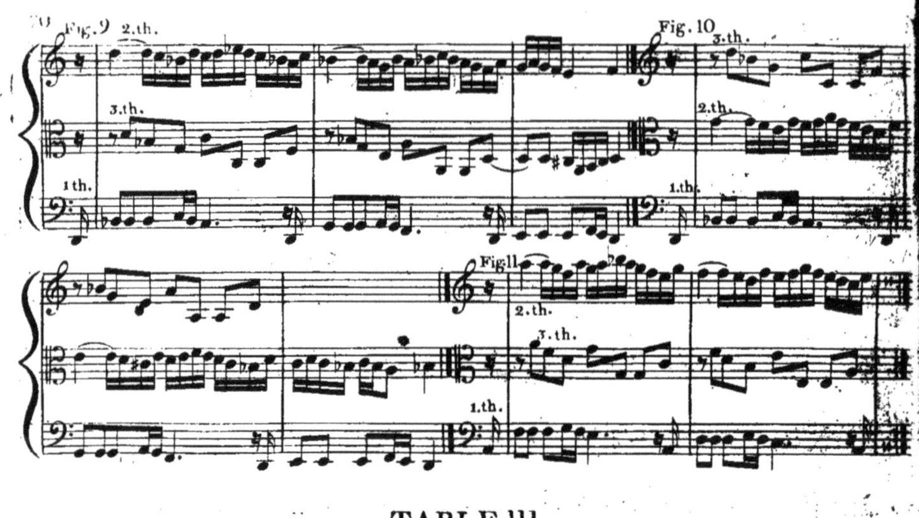

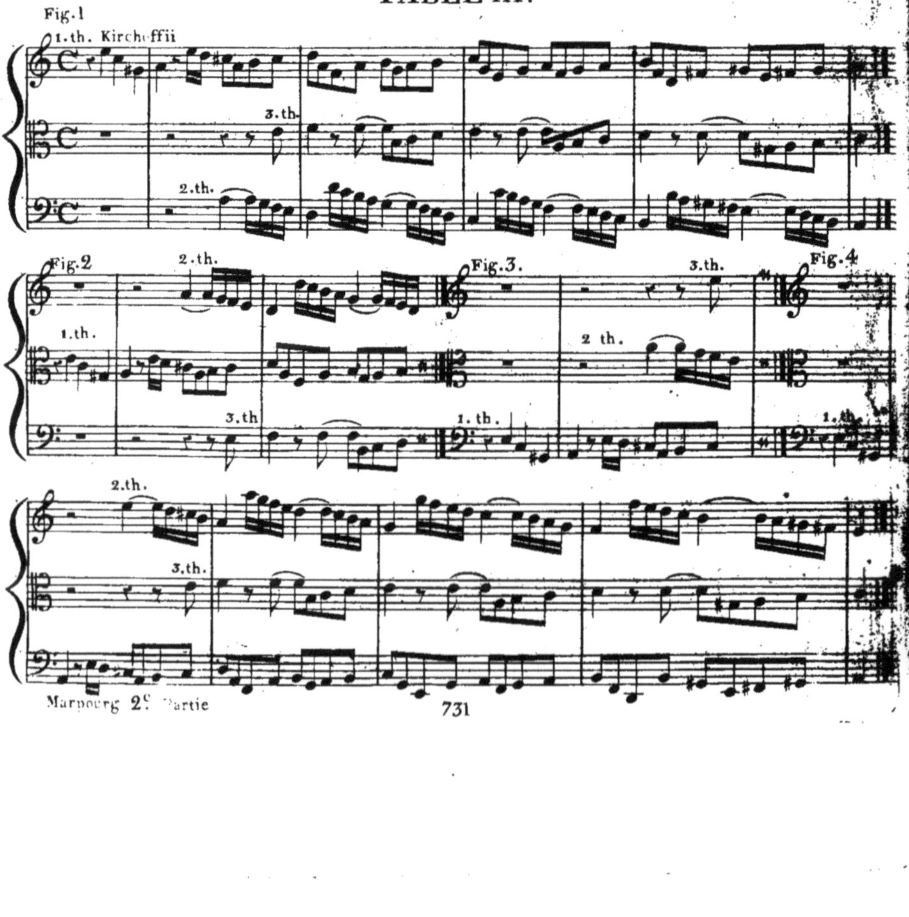
Fig. 1
1.th. Kircheffii
3.th.
2.th.
Fig. 2
2.th.
1.th.
3.th
Fig. 3.
3.th.
2 th.
1. th.
Fig. 4
1.th.
2.th.
3.th.

Fig.5.
2.thema
3.the.
1.the.
Fig.6
à 4
2.the
3.the.
1 the
Fig.7
2.the.
Fig.8 Kirchoffii
3.the.
tr
à 4
3.th.
2.th
1.the.
1.the.
tr
Fig.9.
2 th.
1.the.
3.the.
tr

TABLE IV.

Fig.1 1.the.
3.the.
tr
tr
2 the.
Fig.2
Fig.3 1.the.
1 the.
2.the.
à 4
3 th
tr

Fig. 4   3 thê.
2 the.
1 thê. Kirchoffii
à la 10.°
Fig. 5 2 thê.
1 thê.
3 thê.
Fig. 6 1 thê.
3 thê.
2 thê.
Fig. 7 2 thê.
1 thê.
3 thê.
Fig. 8
à 4
TABLE V.
Fig. 1
2 thême Kirnberger
3 thême
3 thê.
1 thê.
1 thê.
(a) 2 thê.
Marpourg 2.e Partie

1 thê.
3 thê.
2 thê.
1 thê.
3 thê.
2 thê.
Fig. 2
1 thê.
tr
tr
2 thê.
3 thê.
tr
Basse continue
Fig. 3
1 thê.
tr
2 thê.
Fig. 4
1 thê.
tr
4 thê.
3 thê.
Basse contin.
3 thê.
2 thê.
4 thê.

TABLE VI.
74
Fig. 1
3 thê.
Fig. 2
2 thê.
2 thê.
4 thê.
4 thê.
1 thê.
tr
1 thê.
tr
3 thê.
Fig. 3
4 thê.
Fig. 4
canon
1 thê.
1 thê.
tr
1 thê.
2 thê.
3 thê.
2 thê.
2 thê.
4 thê.
4 thê.
3 thê.
1 thê.
2 thê.
1 thê.
3 thê.
1 thê.
1 thê.
4 thê.
2 thê.
Marp.   2ᶜ. Partie.
731

1 thê.
2 thê.
2 thê.
1 thê.
3 thê.
4 thê.
4 thê.
3 thê.
1 thê.
Fig.1
1 thê.
TABLE VII.
Fig.2
1 thê.
4 thê.
2 thê.
4 thê.
2 thê.
3 thê.
3 thê.
Fig.3
4 thê.
2 thê.
3 thê.
1 thê.
Fig.4 2 thê.
3 thê.
1 thê.
4 thê.

TABLE VIII.

Marpourg 2.e Partie

Fig. 3 Kirchoffii
1 thê.
3 thê.
4 thê.
2 thê.
Fig. 4
2 thê.
1 thê.
3 thê.
4 thê.
Fig. 5
2 thê.
4 thê.
3 thê.
1 thê. Kirchoffii

78
Fig. 1
TABLE IX.
Fig. 2
Fi. 3. Jo. G. Hoffmann
4 thê.
3 thê.
1 thê.
2 thê.
2 thê.
1 thê.
3 thê.
3 thê.
1 thê.
Fig. 4
3 thê.
4 thê.
1 thê.
4 thê.
2 thê.
F. 5
2 thê.
F. 6
4 thê.
4 thê.
3 thê.
1 thê.
2 thê.
3 thê.
1 thê.
F. 7
thê. 1
F. 8.
2. thê.
1. the.
4 thê.
3. thê.
3. thê.
4 thê.
2 thê.
Marpourg 2e Partie
731

Fig.1 Theil
3 thê.
1 thê.
4 thê.
2 thê.
Fig.2
ou bien
Fig.3
Fig.4
Fig.5
Fig.6
Fig.7
ou
Fig.8
ou
Fig.9
ou
Fig.10
Fig.11 Fr. Bach
canon
Fig.12 idem

80

TABLE XI.

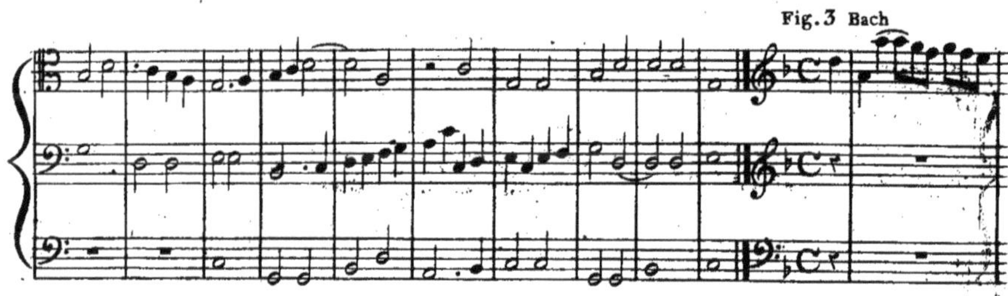

Marpourg 2.e Partie

731

Fig . 4 idem
al Roverscio

TABLE XII.

Fig. 1 Bach

TABLE XIII.

Fig. 1 Bach

Marpourg 2.e Partie

731

Fig. 2
Fig. 3
mouv.t rétrog
Fig. 4 Fr. Bach
3/4
tr
Fig. 5
tr

Fig.1
Fig.2
mouvᵗ Rétrogr.
Fig.3
Fig.4 mouvᵗ rétrogr.
Fig.5
Fig.6
mouvᵗ contre rétrogr.
Fig.7 canon
Marpourg 2ᵉ Partie

TABLE XV.

Fig.1
Fig.2
mouv.t contr. rétrog.
Fig.3
Fig.4 mouv.t contr. rétrog
Renvers.t
Fig.5 Fr. Bach
Fig.6 Kirnberger canon
Marpourg 2.e Partie
731

Fig.1
thêma
Renvers!
Fig.2
à 3
Fig.3
mouv! contr.
Renvers!
Fig.4
à 3
Fig.5
mouv! rétrogr.
Renvers!
Fig.6
mouv! rétogr. contr.
Renvers!
Fig.7. 1er. canon
canon
Fig.8
2e
Fig.9
à 4
Fig.10
mouv! rétrog. contraire
Fig.11
Fig.12
rétrog contr
Fig.13
Fig.14
Fig.15
Marpourg 2e. Partie
731
Renvers! à l'8e. à la 10e.
à la 12e.

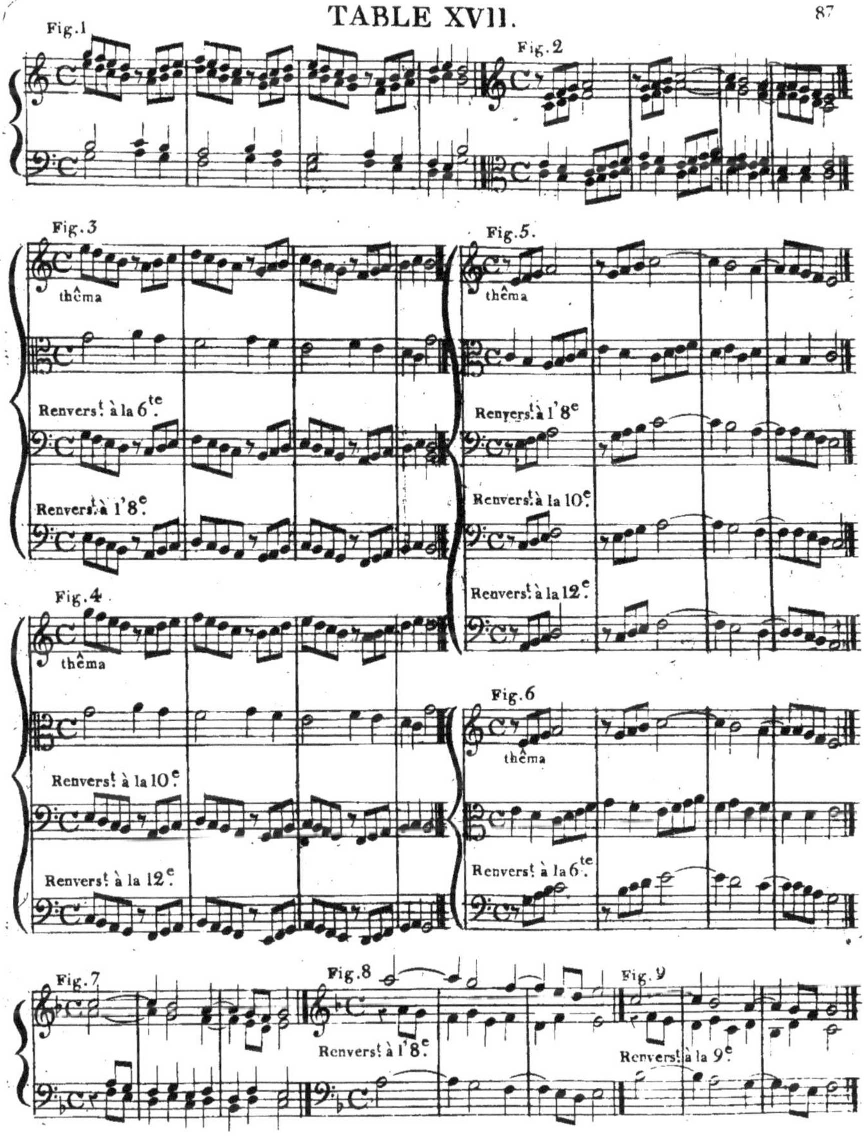
Fig. 1
Fig. 2
Fig. 3
thême
Renverst. à la 6te.
Renverst. à l'8e.
Fig. 4
thême
Renverst. à la 10e.
Renverst. à la 12e.
Fig. 5.
thême
Renverst. à l'8e
Renverst. à la 10e.
Renverst. à la 12e.
Fig. 6
thême
Renverst. à la 6te.
Fig. 7
Fig. 8
Renverst. à l'8e.
Fig. 9
Renverst. à la 9e.

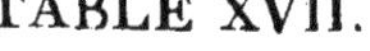

TABLE XVIII.

Fig.1
thêma
Fig.2
Fig.3
Renvers! à la 10.e
Renvers! à la 11.e
Renvers! à la 12.e
F.4
F.5
Renvers! à la 13.e ou 6.e
Renvers! à la 14.e ou 7.e
F.6 Fr.Bach.
F.7 Résol.
F.8 Fr.Bach.
F.9. idem.
F.10. idem.
F.11. idem.

TABLE XIX.

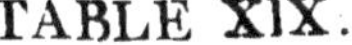

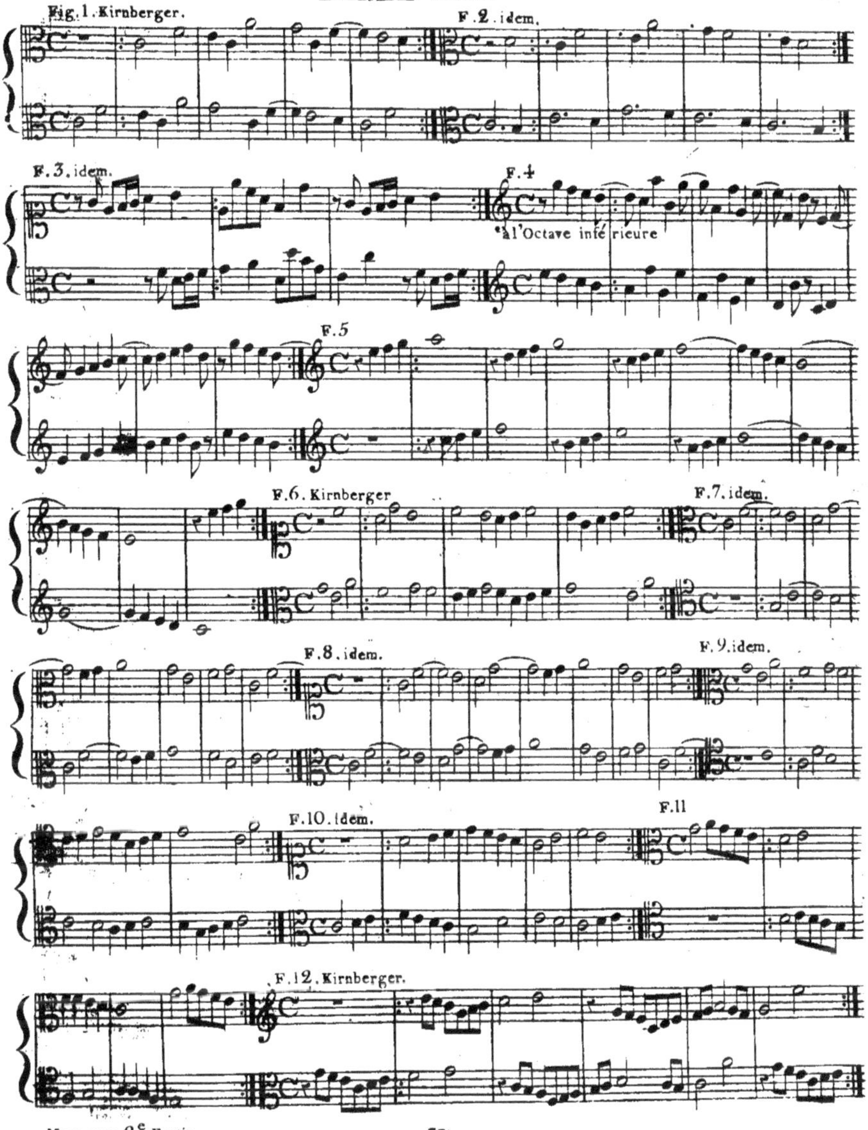
Fig. 1. Kirnberger.
F. 2. idem.
F. 3. idem.
F. 4
à l'Octave inférieure
F. 5
F. 6. Kirnberger
F. 7. idem.
F. 8. idem.
F. 9. idem.
F. 10. idem.
F. 11
F. 12. Kirnberger.

TABLE XX.

Marpourg 2ᵉ. Partie

731

TABLE XXI.
9.
Fig.1.
diminut.
F.2
augment.
F.3.Kirnberger.
augm.
F.4.idem.diminut.
F.5
augm.
F.6.dimin.
F.7
Marpourg 2.e Partie
731

92 Fig.8.
TABLE XXII.
Fig.1
F.2. Kirnberger
F.3.idem.
F.4.idem.
F.5.idem.
F.6.idem.
TABLE XXIII.
Fig.1. Bach.
Marpourg 2.º Partie
731

F.2
F.3
réponse
voix ajoutée
sujet
F.4
réponse
F.5. Berardi.
voix ajoutée
sujet
chant ferme
coda

Marpourg **2**^e Partie

F.5.idem.
chant ferme
F.6.idem
chant ferme
F.7.idem
chant ferme

TABLE XXV.

Fig.1. Berardi
chant ferme

F.2.idem.
chant ferme
F.3.idem.
chant ferme
F.4.idm.
chant ferme

Fig.1. Berardi.
chant ferme
F.2. idem.
chant feme.
F.3. th.1.
th.2.
th.3.
F.4.
th.1.
th.2.
th.3.
th.1.
th.2.
th.3.
th.1.
th.1.
th.2.
th.3.
th.1.
th.2.
F.5. Rameau
1.th.
2.th.
3.th.
Per tonos.
1.th.
2.th.
3.th.
1.th.
1.th.
2.th.
3.th.
1.th.
2.th.
F.6. Anonime

TABLE XXVII.

Fig.1. 1.th. 2.th. 3.th.
per tonos
1.th.
2.th.
1.th.
1.th. 3.th. tr 2.th.
2.th. 1.th.
2.th. 3.th.
3.th. F.2. Fr. Bach.
tr 2.th.
1.th.
F.3. Anonym.

TABLE XXVIII.

TABLE XXIX.

Fig.1.Musette
F.2.them.1.
2.th.
1.th.
3.th.
4.th.
2.th.
3.th.
1.th.
4.th.
1.th.
2.th.
3.th.
1.th.
2.th.
Marpourg 2.ᶜ Partie

TABLE XXX.

Marpourg 2.e Partie   731

102. F.2.idem
F.3.Kirnberger
F.4.
voix ajoutée
sujet
réponse
voix ajoutée
F.5.Fr.Bach.
F.6.Kirnberger
F.7.Liberti.
F.8.Kirnberger
Marpourg 2e. Partie
137

(b) mouv! contr.

(c) 2e. résolution.
voix ajoutée
voix ajoutée

TABLE XXXV.

Fig.1.
F.2.
F.3.
F. 4. Kirnberger.
Marpourg 2e Partie
731

108
F.5. Stölzel.
F.6. idem. :§:5. :§:8. :§:12. F.7. idem. :§:5. :§:8. :§:12.
F.8. idem. :§:5. :§:8. :§:12.
(a) (b) (c) (d) (e) (f) (g) (h)
F.9. idem.
(i) (k) (l) (m) (n) (o) F.10. idem.
F.11. idem. :§:8. :§:4. :§:3.
F.12. idem. :§:8. :§:5. :§:4. F.13. idem. :§:8. :§:12.
:§:5. F.14. idem. :§:8. :§:11. :§:4.
TABLE XXXVI.
Fig.1. Stölzel. :§:4. :§:8. :§:11. F.2. idem. :§:8. :§:4.
F.3. idem :§:4. :§:8. :§:5. F.4. idem. :§:4. :§:8. :§:5.
Marpourg 2.º Partie
731

F.5.idem.§.12.
§.8.
§.5.
F.6.idem.§.11.
§.8.
§.4.
F.7.idem.
F.8.idem.
F.9.idem.
F.10.idem.
Pour tous les tons
F.11. Kirnberger
2.voix.
3.e
4.e
5.e
6.e

TABLE XXXVII.

TABLE XXXVIII.

112
Fig.1. Canon Polymorphus
F.2.
F.3.
F.4.
Renvers!
F.5.
F.6.
F.7.
F.8.
F.9.
F.10.
F.11.
F.12
F.13.
Pour tous les tons
Pour tous les tons
F.14.
Renvers!
F.15.
F.16.
F.17.
Marpourg 2.º Partie 731

Fig.1.
F.2.
F.3.
F.4.
F.5.
F.6.
F.7.
F.8.
F.9.
F.10.
F.11.
F.12.
F.13.
F.14.
F.15.
F.16.
F.17.
F.18.
F.19.
F.20
F.21.
F.22.
Pour tous les tons

TABLE XLI.

Marpourg 2.ᵉ Partie

Fig. 1
(a) 1ere Résolution
2me Résolu.
voix ajoutée
Fi: 2 Theil
F. 3 (a)
Kyri e é lé i son
(b)
(c)
(b)
(c)
é lé i son Ky ri e é lé i
(a)
(d)
é lé i son é lé i son é léi son
(e)
(e)
son é lé i son
Kyri e é lé
(d)

(f)
(g)
Ky___ri__e é_lé__i son é_lé______i__son Kyri_
____i_son é__lé_______i_son é_lé______i_son é___lé
(f)
_e é__lé______________i_son é___léï__son
(h)
(i)
(h)
_____i__son é_lé_______________i__son Ky__ri__e é__
(g)
(i)
(k)
é_lé___i_son é__lé__i_son é__lé____i__son é_lé_i__son
(k)
é_lé_i___son
(k)
__lé_____i_son é__lé____i_son é__lé__i_son é_lé__i_son é__léï___son
(k)
é_lé_i__son

Fig. I. Fux
Chris-te élé- - - i-son é-lé- - i - son Christe é-lé-i-son
Christe é-lé - -i-son Christe élei-son Christe é-lé - -i-son Christe é-
Christe élé- -i-son Christeélei-son é-lé- - - - -i-son Chris-te éléi-
-léi-son Christe élé- -i-son Chris- -te é- -lé- - -i-son
-son é-lé-i- -son Christe é-lé- - - -i-son Chris-teélé-
Christe é-léi-son Christe é-lé- -i-son élé- - - - -i-son

TABLE XLIV.

Fig 1. Lotti

Marpourg 2e Partie

TABLE XLV.

Fig. 1. Telemann

TABLE XLVI.

Marpourg 2ᵉ. Partie

(d) (g) (f)
Ky - ri - e é - lé - - i - son é - lé - - - - - - i - son é - lé - - i
(e)
Ky - ri - e é -
i - son é - lé - i - son é lé - - - - - - i - son é lé - i - son é -
i - son é lé - i - son é lé - i - son Ky - ri - e é - lé - i - son é - lé - i -
son é lé - - - - - - - - - - i - son é lé - i - son é lé - i - son Ky - ri - e é - - -
(j)
lé - i - son é lé - - - - - - i - son é - lé - i - son é lé -
(h)
lé - i - son é - lé - - - - - i - son Ky ri - e é - lé - - i - son é - lé -
son é - lé - - i - son é - lé - i - son é lé - - - i - son
(m)
lé - i - son é lé - - - - - - i - son é - lé - - - - i son Chrite é - lé - i - son é -
(n)
i - son é lé - i - son é lé - i - son é - lé - i - son é - lé - - i - son Christe é -
(l)
i - son é - lé - i - son é - lé - - - - - i - son
(k)
Ky - ri - e é - lé - - i - son é - lé - - - - - i - son

(q)
_le_ _ i_ son Christe é _ léison é_lé _ _ _ _ _ _ i son é _lé_ _i_
(r) (s)
_ _léi son é_lé_ _i_son élé_i_son Ky _ ri _ e é_léison é_lé_
(o) (t) (u)
Christe é_léi_soné_lé_ _i_ _son Chris te é_léi son é_lé_ _i_son Kyri_ _e é_
(p)
Christe é_léi son é_lé, _ _ _ _ _ _ i_son é_lei_son é_lé_i
(v)
son Ky _ri_ _e é_léi_son é_lé _ _ _ _ _ i son Kyri_e é_lé_ _ _ i
_ _i son é_lé_ _i_son élé _ _ i_sonKy ri_e é_lé_i_ _son
(x)
_lé_i_soné_lé _ _ i son é_lé_i_soné_lé _ _ _ _ i
(w)
son Ky _ri_e é_léi son é_lé _ _ _ _ i
(y) (bb)
_son élé _ _ _ _ _ _ i_son é_léi_soné_lé _
(z) (cc)
Ky_ _ri_e é_lé_isoné_lé _ _ _ _ i_son é_lé_
(aa)
son Ky _ri_ _e é_lé_ _i
_son élé i_son élé_ _ _ i_soné_lé_i_son élé _ _ _ _ i_ _son

(ff)
i son é lé i son Kyri
son é lé i son é
son é lé i son Christe é lé i son Christe é lé
(ee) (gg)
(dd)
Ky ri e é lé i son é lé
e é lé i son Kyri é é lei son é lé
(mm)
lé i son Christe é lei son é lé i son
(hh)
i son Christe é lei son é le
(ii)
Christe é lé i son é lé i
(kk)
i son é lé i son é lé i son é lé
(oo)
Ky ri e é lé i son é lé
(nn)
i son é lé i son é lé
son é lé i son é lé i son

Marpourg 2.^c Partie
731

son é lé i son Christe é léi son é lé i son
son é lé i son Christe é léi son é lé i son
i son Christe é léi son é lé i son
i son Christe é léi son é lé i son

TABLE XLVII

Fig.1. Em. Bach
731 Marpourg 2ᵉ Partie

TABLE XLVIII

Fig. 1.

Fig. 2. Graupner

TABLE XLIX

Fig.1. Em.Bach.

50
51
52
53
54
55
56
57
58
59
60
61
62
63
64
65
66
67
68
69
70
71
72
73
74
TABLE LI.
Fig.1.
F.2.
F.3. Fr. Bach.
F.4.
F.5.
F.6.
F.7.

Fig.1.
(a)
(b) Renv!
F.2.
(a)
(b)
(c)
(d)
(e)
(f)
(g)
F.3. Kirnberger.
F.4. idem.
2.th.
1.th.
3.th.
Marpourg 2.e Partie.
731

TABLE. LIII.

Marpourg 2.e Partie

Fig.1.
Renv!
F.2.
Renv!
F.3.
Renv!
F.4.
F.5.
F.6.
F.7.
F.8.
mouv! contr.
Renvers! à la 10.e
Renv! à la 10.e
F.9.
Renv! à la 12.e
mouv! contr.
Renv! à la 12.e
F.10.

TABLE LV.

TABLE LVI.

(b)
(c)
(d)
(e)
(f)
(g)
(h)
(i)
(k)
(l)
(m)
(n)
(o)
(p)
tr

(q)
(r)
(t)
(s)
(v)
(u)
(vv)
(x)
(z)
(bb)
(y)
(aa)
(cc)
(dd)
(ee)
(ff)
(gg)
(hh)

(ii)
(kk)
(ll)
(mm)
(nn)
(oo)
(qq)
(pp)
(rr)
(ss)
(tt)
(uu)
(xx)
(ww)
yy
(zz)